나의 꿈 나의 인생을
디자인하라

Dream

Life

놓치고 싶지 않은 나의 인생 2막을 준비하라

나의 꿈
나의 인생을
디자인하라

| 허 민 이요섭 지음 |

Design

산수야
My Life Story Book

나의 꿈 나의 인생을 디자인하라

초판 인쇄   2014년 5월 1일
초판 발행   2014년 5월 5일

지은이   이요섭
발행인   권윤삼
발행처   도서출판 산수야

등록번호   제1-1515호
주소   서울시 마포구 월드컵로 165-4 (망원동 472-19호)
우편번호   121-826
전화   02-332-9655
팩스   02-335-0674

ⓒ 이요섭

ISBN 978-89-8097-287-6 13330

이 도서의 국립중앙도서관 출판시도서목록(CIP)은
서지정보유통지원시스템 홈페이지(http://seoji.nl.go.kr)와
국가자료공동목록시스템(http://www.nl.go.kr/kolisnet)에서 이용하실 수 있습니다.
(CIP제어번호: CIP2014012365)

프롤로그

사람은 누구나 꿈을 가지고 태어났다. 우리가 가진 꿈들에 대하여 삶을 통하여 그 꿈을 찾아내고, 또 어디까지 도달하는가는 자기가 그 꿈을 목적지로 삼고 목적지를 향하여 어떤 길을, 어떻게 걸어가느냐에 달려 있다.

인생은 꿈의 연속이요, 격랑 속에서 항해를 하는 것과 같다. 꿈과 희망을 향해 기초를 튼튼하게 쌓고 다지면서, 닥쳐오는 크나 큰 인생의 격랑을 헤쳐 나아가는 끈기와 힘을 양성하는 과정이 바로 인생의 길(路程)이요, 도전의 길이다.

어렸을 적에는 성인이 되면 특별한 무엇인가가 있을까봐 동경하며 달리던 길이었으며, 성인이 되면 머뭇머뭇 돌아보기도 하지만 몸은 성큼성큼 내닫게 마련이다. 또한 산을 오르는 길은 오지 말라는 듯 숨이 차지만, 내려가는 길은 마치 뒤에서 등이라도 떠미는 듯 급히 내려가게 마련이다.

우리는 참 많은 샛길을 기웃거리고 우왕좌왕하면서 오던 길로 되돌아가 보기도 하지만, 조금만 거리를 두고 한 사람의 생을 살펴보면 오로지 우직한 직진(直進)임을 알 수 있게 된다.

백년 안팎의 시간들을 곧게 그은 선분(線分) 위에서 우리는 저마다 부지런히 걷고 있다. 그런데 그 길에는 두 갈래의 길이 있다. 하나는 그 길을 지나가는 사람의 숫자가 많아질수록 그 자취에 신뢰를 받는 길이요, 다른 하나는 지나간 흔적이 드문 길이지만 더 높은 곳에 있는 목적지에 남보다 빨리 도달할 수 있는 새로운 도전의 길이다.

앞의 길은 쉽고 안전하지만 뒤의 길은 험난하여 헤쳐 나가기가 여간 어려운 게 아니다. 사람들은 모험선호형이 있는가 하면, 모험기피형도 있다. 이 선택은 오로지 길을 걷는 그 사람의 마음가짐과 선택에 달려 있다.

땅은 높이에 관해 가르쳐 준다. 땅이 높아진 것을 우리는 산이라 부른다. 낮은 곳에서 높은 곳을 바라볼 때 산은 하늘과 가까운 존재이다. 에베레스트산이 하늘 끝에 닿아 있다고 어떤 부족이 믿는 것처럼 인간에게 종종 산이 하늘과 동일시되는 것은 바로 그 때문이다.

높은 산들은 그 목구멍쯤에 늘 깔딱 고개가 있기 마련이다. 인간의 숨이 차오르는 높이 즈음엔 늘 우리가 견디기 어려운 고비들이 도사리고 있는 것과 같다.

산의 목젖이 인간의 목젖을 팔랑이게 만드는 까닭은 온몸으로 그 높이를 느끼도록 하기 위함이다. 그러나 고통 속에서도 인간은 산에 오른다. 산에 길도 낸다. 굳이 힘겨운 산길을 개척하는 까닭은 그 상승감과 높이 속에 안겨져 있는 깊이를 즐길 수 있기 때문이다.

산길들은 고통을 증폭시키는 즐거움을 품고 있다. 산을 올라가는 인간은 희망적이다. 왜냐하면 산의 정상을 바라보고 있으면, 정상 뒤로 펼쳐져 있는 하늘로 닿을 수 있을 것만 같은 기분을 자아내기 때문이다. 올라가는 자는 하늘을 꿈꾸는 자이다. 바로 비상(飛上)을 꿈꾸는 자이다.

인생에도 올라가는 시절이 있고 내려오는 시절이 있다. 올라가는 사람에게 내려오는 사람은 이렇게 충고한다. "올라간 것을 이제 뉘우칩니다."

그렇다면 올라가는 일을 왜 뉘우칠까? 우선 올라가는 것 자체를 즐거움으로만 생각한 것이 착각이란 것이다. 올라가는 것은 올라간 만큼 내려와야 하는 일을 품고 있기 때문이다. 그래서 올라가는 일은 정확하게 말해서 내려오는 일을 만드는 것이다.

또한 올라갈 때는 늘 마음이 급해지기 마련이다. 저 멀리 보이는 고지를 서둘러 정복하고 싶은 마음에서 앞뒤 가리지 않고 옆을 살피지도 않고 성큼성큼 올라간다. 천천히 음미하며 올라가도 좋을 길을, 내친 김에 내달아버리는 그것이 바로 후회를 부른다.

아무리 이러한 어리석음에 관하여 충고하고 경계령을 내려도 우리는 이 같은 어리석음을 반복한다. 내려올 때가 되어서야 스스로 한탄하면서 삶의 중요한 원리를 발견하게 되는 것이다.

길 위에서 길을 묻는 것은, 현재 서 있는 길이 가야 할 길을 말해 주지 않기 때문이다. 지금 서 있는 이 길은 걸어온 길의 끝이다. 또한 서 있는 길은 걸어온 길의 끝이지만, 동시에 가야 할 길의 시작이기도 하다. 걸어온 길은 돌아볼 수 있지만, 그것이 가야 할 길을 뚜렷하게 말해 주지는 않는다.

길은 이어져 있지만, 그렇다고 갈 길이 언제나 보이는 건 아니다. 길은 눈앞에 펼쳐진 물리적인 길이 아니라 마음속에 숨어 있는, 그 마음이 가려는 길이기 때문이다. 따라서 마음이 사라지면 길도 끊어지기 마련이다.

길 위에서 길을 묻는다 하여 대답을 쉽게 얻을 수 있는 건 아니다. 길 위에서 길을 묻는 것이 아니라 길에 서 있는 자신, 자신의 마음에게 길을 물어야 하기 때문이다. 그러나 이 마음조차도 쉽게 길을 말해 주지는 않는다. 그 마음은 길을 읽어야 하고, 길을 예측해야 하고, 길이 내는 삶에 대해 확신을 가져야 하기 때문이다.

나는 이 책을 통해서 그 '길'을 찾아서 어떻게 걸어 나아가야 하는지, 지금까지 걸어온 길 위에서 여러 경험들을 독자 여러분에게 소개하면서 최선의 '길'을 발견할 수 있도록 인도하는데 노력을 기울일 것이다.

돌이켜 보건데 나는 37년간을 금융계에 몸담았다. 말단 행원에서 시작하여 부행장급 임원에 올라 국내외 현장을 지휘했고, 이어서 신용카드업계에서는 격동기의 신용카드산업 현장을 진두지휘하였다. 그때마다 현재의 상황 유지에 안일하게 대응하는 데만 머물지 않고, 더 나아가 새로운 도전과 고지를 향해 진격(進擊)을 하는데 시간을 아끼지 않은 결과, '성공은 노력하는 자의 몫'이라는 진리를 깨닫게 되었다.

또한 "은행업무와 관련하여 '현찰'은 '벽돌'과 같이 생각하라"는 신입 행원교육 당시 강사님 말씀을 퇴임 순간까지 버리지 않았던 것을 나는 지금도 자랑스럽게 생각한다.

우리 사회의 수많은 비리 연결고리를 뉴스를 통해 접할 때마다 인간의 참모습이 과연 무엇인가를 고민하게 된다. 여기서 사필귀정(事必歸正)이란 말은 나의 인생관에 꼭 따라다니는 금언처럼 되어 있다는 사실을 떨칠 수가 없다는 게 나의 솔직한 고백이다.

금융 현장에서 실제로 경험했던 여러 이야기를 이 책을 통해 소개하겠지만, 내가 사우디아라비아 젯다 주재원 근무 시절에 NCB 은행과 한일은행(지금 우리은행) 간 코레스협정계약(Agency Arrangements 계약)을 성공적으로 체결시켰고 그 결과 당시 한국의 중동건설 용역거래 지원을 국제금융시장에서 주거래 은행으로서 직거래할 수 있게 되었다는 사실은 오로지 내 소명을 다한다는 각오 없이는 이루어 낼 수 없는 일이었다.

또한 3년 연속 적자(赤字) 경영에 허덕이고 있던 바레인 지점을 부임 2년 만에 흑자(黑字) 지점으로 전환시킨 것은 지금도 내 마음을 뿌듯하게 만들고 있다. 국내 지점경영에서도 초임 충주 지점장 시절에 충주댐 건설 수몰지구보상금 예금유치 성공 스토리는 금융계의 살아 있는 일화가 되고도 남을 것이다.

그 뿐만 아니다. 내가 금융계(신용카드업계)를 떠나기 얼마 전부터 '이제는 학업 완주(完走)를 위해 나의 모든 것을 바치리라'는 생각 하나만으로 대학원 박사과정을 시작하였다. 그리고 박사과정을 마무리할 즈음(1997~99년), 공교롭게도 글로벌 경제위기(한국의 금융위기)를 맞이하게 되었다.

이를 계기로 그 당시 한국경제 회생(回生)에 관한 연구가 학계에서 가열됨에 따라, 자의반 타의반으로 대학 강단에 서게 된 것은 지금 생각해도 꿈만 같다. 그리고 금년까지 17년째 강의를 계속하게 될 줄은 전혀 생각하지도 않았던 일이다. 그렇기 때문에 지금 나의 생활은 언제나 보람과 흥분 속에서 새로운 시간들을 맞이하고 있다. 이 얼마나 기막힌 인연인가?

이 같은 인생 여정을 되돌아보건대, 나는 여기에서 하나의 진리를 얻게 되었다. 그것은 "목표를 향해 쉬지 말고 매진하라! 노력하면 하늘이 스스로 노력하는 자를 돕는다"라는 '희망의 등불'이 있다는 사실이다.

그 '희망의 등불'은 긍정적 사고를 바탕으로 하는 생활철학, 즉 앞으로 이 글에서 이야기할 '성공에 이르는 7가지 습관'을 정독하면 '길'이 보일 것이라고 확신한다. 더불어서 먼 미래를 꿰뚫고 바라보는 안목도 길러지게 될 것이다.

나의 경우 인생의 제2막을 대학 강단에서 찾은 것도 결코 우연이 아니었다고 생각한다. 바로 나의 '습관'이 이 '길'로 인도한 것이라고 지금도 생각한다.

　물론 실패도 있었다. 그러나 그 실패를 반면교사로 삼아 새롭게 인생 여정을 업그레이드하느냐 않느냐는 오로지 독자 여러분의 판단력과 실천력에 달려 있다고 믿는다. 그리하여 이 작은 기록들이 독자 여러분에게 조그마한 '인생 지침서'가 되기를 바라는 마음 간절하다.

차례

Dream

Life

Design

Chapter 1
인생의 목표

인생의 목표는 성공이라는 '꿈'의 실현이다

목표는 왜 필요한가?

인간은 노력하는 존재이다. 그 노력의 응집력이 바로 오늘날 인류의 역사를 창조했고, 또 이끌어 오고 있다. 인간의 이러한 노력의 동기는 자기 자신이 목적으로 하고 있는 것을 달성하기 위해 전력을 다하는 속성에서 출발하고 있다. 이때 그 목적의 집약형태가 바로 목표인 것이다.

인생의 목표는 길게 일평생을 걸쳐 포괄된 덩어리로서 바탕을 이루는 개념이다. 바로 자기 인생의 '꿈'이라고 말할 수 있다. 우리는 그 '꿈'이 현실로 다가온 것을 목표 달성이라고 말한다. 바로 우리가 항상 이야기하는 '성공'이라고 할 수 있다.

목표가 없는 사람은 방향키가 없는 배와 같다. 방향을 잡아주는 키가 없는 배는 표류하거나, 그냥 멈추어 떠 있거나, 절망과 패배와 낙담의 바닷가에 도착하게 될 것이다.

목표가 없다는 것은 우리가 기나 긴 인생 여정을 항해하면서 항해 그 자체를 포기하는 것과도 같다. 기차를 타고 먼 여행을 떠날 때는 종착역이 마지막 목표가 된다. 마찬가지로 인생도 종착역은 제2의 인생을 마무리하는 시점에서의 자기만족도, 바로 행복지수일 것이다.

그런데 이 목표는 전심전력을 다해 달성하려는 노력이 뒤따라야 한다. 해리슨 포드는 "목표 달성의 성공은 포기하지 않고 끝까지 추구하는 것"이라고 말했다.

중국 명나라 시대의 수상록(隨想錄)이며, 처세에 관한 명언집으로 우리에게 잘 알려져 있는 「채근담(菜根譚)」에 다음과 같은 말이 있다.

패후(敗後)에
혹반성공(或反成功)이라
고(故)로
불심처(拂心處)에
막편방수(莫便放手)하라.

실패한 후에는 반드시 성공할 기회가 있다. 뜻대로 되지 않는다 해서
손을 떼지 마라.

설령 실패했을 때라도 완전히 포기해서는 안 되며 그 실패의 원인을 거울삼아 두 번 다시 되풀이되는 일이 없도록 다져 나아가야 할 것이다.

「명심보감 성심편(明心寶鑑 省心篇)」에도 다음과 같은 말이 있다.

불경일사(不經一事)면 불장일지(不長一智)니라.

한 가지 일이라도 경험하지 아니하면 그 일에 대한 한 가지의 지혜도
자라지 아니 하느니라.

성공의 경험보다는 실패와 좌절의 경험이 주는 값진 교훈은 일생을
살아가면서 우리의 삶에 보탬을 준다는 것이다. 정말로 실패는 성공의
반면교사(反面教師)이기 때문이다.

인생은 기초공사부터 튼튼히 시작하라

인간은 유능한 건축가나 기술자처럼 바닥에 파 놓은 구덩이의 깊이
를 보고 그 건물이 얼마나 높이 올라갈지를 가늠할 수 있다. 기초공사
가 쌓아 올릴 건축물을 지탱해 줄 받침대가 되기 때문이다.

우리 인생에서도 자신이 얼마나 높은 위치까지 올라가고, 더욱이 그
자리에 얼마나 오래 머무를 수 있을지는 자기 삶의 초석(기초공사)에 의해
결정된다. 그 초석은 자신의 가치관과 동기, 자신감, 인생철학 등 자신
의 자아상(self-image)과 직접적인 관계를 갖는다. 또한 자아상은 삶의
행복과 만족, 개인적 충족감으로 밀접하게 연결되어 있다.

성공을 위한 7가지 습관은 바로 우리 인생의 기초공사를 튼튼히 할 수 있는 '인생 목표의 시방서'(示方書: 공사설계도면)이다. 훌륭한 건축물은 설계도면을 완벽하게 작성한 후, 그 도면에 따라 빈틈없이 시공을 진행해 나갈 때 완성되는 것이다.

뇌의 '습관회로'(習慣回路)를 개선하라

인간의 뇌에는 전두엽(前頭葉)에서 해마(海馬)에 이르는 '습관회로'가 있다. 여기에서는 신체리듬, 식사습관, 운동습관, 마음습관 등 생체습관들을 다루는 기능을 하며 사후적으로 노력만 하면 개선이 가능하다. 뇌 과학적으로 이 '습관'은 일종의 반복되는 '기억행동'이기 때문이다. 예컨대, 자전거를 타는 행동은 '절차기억'이라 하는데, 이렇게 몸에 밴 행동은 일반기억보다 오래 간다.

뇌 속에 있는 기억저장 창고인 해마 부위가 설령 망가져도 '절차기억'은 남는다. 뇌에는 별도의 '습관회로'가 존재하여 반복행동을 몸에 배도록 하기 때문이다. 산을 오를 때 누군가가 앞에서 걸으면서 길을 내기 시작하면, 뒤에 가는 사람들도 계속 그 길로만 다니게 되는 것과 비슷한 원리이다.

'똑 같은 자극을 줄 때 똑 같은 반응이 일어나는 것이 습관'이다. 따라서 어떤 일을 반복적으로 실천하면 뇌 속에 새로운 과정의 '기억회로'가 생긴다.

처음 얼마간 의식적으로 같은 행동을 반복하면, 뇌 속의 신경과 신경 사이의 신호전달 속도가 빨라지면서 신경자극 서로 간의 상호연결성이 강화된다. 이런 현상이 '습관회로'의 기초를 만들고, 더 지속하여 어느 정도 기간 동안 끌고 가면 '습관회로' 신경망이 반영구적으로 정착되어 평생 동안 지속되는 것이다.

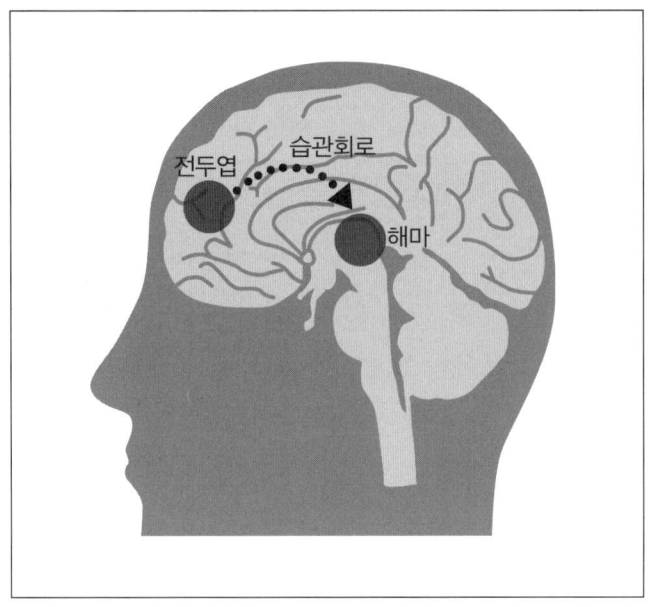

뇌 「습관회로」의 생성과정

이러한 배경을 바탕으로 '성공에 이르는 7가지 습관'을 제시하면서 독자 여러분이 희망하는 결실을 기대해 보기로 한다.

성공에 이르는 7가지 습관

"나의 세대가 이룩한 발견 가운데 가장 위대한 것은 '습관' 을 바꾸는 것만으로도 자신의 인생을 확 바꿀 수 있다는 사실이다."

– 윌리엄 제임즈(William James)

'습관' 은 어떤 행동이나 사고를 계속적 반복적으로 일상생활 속에서 이어 나가는 행태를 말한다. 우리가 갑자기 어떤 결정을 한다든가 또는 무슨 일을 생각할 때, 평소에 습관으로 기억되고 저장되어 있으면 그것을 끄집어내어(out-put) 바로 행동과 실행으로 옮길 수 있기 때문에 시간이 절약될 뿐만 아니라 능률이 올라가고 효율성이 제고된다.

인간은 '습관' 의 지배를 받는 동물이다. 다시 말해서 습관의 지배대상이다. 그리고 그 대상은 지금 조직에 속해 있는 사람이건, 조직을 떠나 자기 사업을 하고 있는 사람이건 상관없이 모두가 그 대상이다. 또 조직에 속한다 하더라도 신입사원에게만 해당되는 게 아니라, 입사 후 5년이 지난 사람이건, 10년 또는 20년이 지난 사람이건 역시 상관이 없다. 모두 대상이 된다. 즉, 모두가 습관의 지배대상자이다. 왜냐하면 지금부터 앞으로 살아가야 할 시간들이 너무 많이, 그리고 무척 길게 남이 있어 충분히 습관의 지배원칙을 필요로 하기 때문이다.

'습관' 이야말로 우리 인생의 기초이며 주춧돌이다. 이 책에서는 나의 삶과 우리 인생에 있어 소중하고 귀한 '습관' 들을 다음의 일곱 가지로 축약해서 이야기하려고 한다. 이 습관들은 나의 삶을 통해 같이 호흡하고 성장해 왔기 때문에 이 책을 접한 이들에게도 '인생의 지침' 이 되어주기를 바라는 작은 바람이 있다.

① 목표를 설정하고 나아가라.

② 기본에 충실하라.

③ 전문성을 길러라.

④ 긍정적 사고를 하라.

⑤ 가능한 일부터 시작하라.

⑥ 반드시 성공한다는 신념을 가져라.

⑦ 능률과 열성을 다하여 업무를 추진하라.

목표를 설정하고 나아가라

목표를 확실히 설정하라 – 목표를 향해 무한 질주하라

성공한 사람은 소원과 목표의 차이를 알고 있다. 하지만 대부분의 사람들은 소원과 목표를 동일한 것이라고 생각하고 있다.

우리의 삶에서 아무리 작은 일일지라도 목표로 세웠다면 그것을 이루어 가려는 자세가 무엇보다 중요하다. 가령 매일 아침 일어났을 때,

'오늘은 여가시간에 운동을 하자' 라고 자발적으로 목표를 설정했다면 그날 반드시 실천하는 자세를 말하는 것이다. 이처럼 자기 나름의 작은 목표라도 매일매일 이루어 나가는 데 중요한 의미가 있다.

아무리 작은 일, 작은 목표일지라도 한 번, 두 번, 세 번… 계획해 나가면서 실행한다면, 설령 현실적으로 그것이 달성되지 못한다 하더라도 행동으로 옮겨 보는 적극성이 몸에 익숙해짐으로써 하나의 '습관'으로 정착되며, 그것 자체만으로도 자신에게 커다란 힘이 되고 도움이 될 것이다.

예컨대 일상생활에서 일과를 갖는 것이 매우 중요한데, 이를 실천하는 것은 정말 힘이 든다. 그 첫 동작이 아침 기상 시간 설정이다. 가령 이른 아침 5시에 일어난다고 하자. 처음에는 정말 힘이 든다. 그러나 일단 다음 동작을 설정하자. 세수하고 조간신문을 읽은 다음, 6시 아침 뉴스를 꼭 시청하고 나서 일기예보까지만 확인하면, 그날 스케줄 유무에 관계없이 생활습관의 줄거리가 형성된다.

일기예보는 현대인의 일상생활을 시작하는 데 있어 중요한 출발점이다. 예를 들어 비가 오는 날은 필수적으로 휴대용 우산을 챙겨야 하고, 중년 이후는 일교차 10도 이상이면 신축적인 옷을 챙겨야 감기를 예방할 수 있는 등, 처음에는 쉽지 않은 일이지만 반복적으로 이와 같은 아침 일정을 이어 나가면 습관으로 정착되어 매우 편리함을 느끼게 될 것이다.

이러한 '시작 동작' 은 모든 인생 목표 설정의 기초 작업이 되는 것이다.

처음 시작하는 일을 두려워하지 마라

어떤 일이든 그 일을 처음 할 때와 두 번째는 하늘과 땅만큼의 차이가 있다. 그러나 두 번째와 세 번째는 별 차이가 없다. 이것은 무지(無知)나 미지(未知)의 세계에 대한 불안을 잘 표현하는 말이다.

내가 대학 졸업 후 은행에 입사하여 첫 출근을 하던 날, 담당 계장님으로부터 앞으로 해야 할 업무내용을 지시받았을 때는 막막한 마음에 자신감마저 떨어져서 어찌할 바를 몰랐던 기억이 지금도 생생하다.

그 당시 내가 맡은 업무는 은행의 분기별 업무계획서를 작성하는 일이었는데, 각 부서에서 제출한 계획을 집계하여 인쇄본으로 완성하는 일이었다. 그 인쇄본은 각 부서와 각 영업 지점에 실행계획으로 조정된 후, 확정본으로 배부 시달되며, 소정 분기 동안 업무지침서로 활용되고, 달성해야 하는 목표가 되는 것이다.

무엇보다 이 일을 하려면 계수를 집계하기 위해 주판을 빨리, 그리고 정확하게 잘 놓아야 하는데 상고(商高) 출신이 아닌 내가 다루기에는 보통 고난이 아니었다. 그러나 일과업무가 끝나고 늦은 밤까지 작업에 매진하여 소정의 기일 안에 결제를 올리고 나니 안도의 한숨이 저절로 나왔다. 그런데 그 다음 분기부터는 준비사항들을 미리 챙기기만 하면 어렵지 않게 소정의 기간 안에 완성할 수 있겠다는 자신감이 생겼다. 이렇게 해서 나의 34년간의 은행생활은 닻을 올리게 된다.

우리 인생은 모두 이와 똑같은 이치 속에 살고 있다. 현재 한 치 앞을 바라볼 수 없는 어둠이 깔려 있는 것처럼 보이지만, 미지의 기나긴 과정을 예측하고 방향을 설정하여 준비를 하면서 '습관'이 될 때까지 갈고 닦아 앞으로 나아가면 반드시 뜻하는 목표에 이르게 될 것이다.

위대한 사람은 타고난 것이 아니라 만들어지는 것이다

어떤 미국 저술가의 회고담이다.

"나는 여행을 하면서 여러 곳의 신문을 읽었는데 - 시골 마을신문에서 유럽이나 북미 대륙 여러 나라의 대도시 신문까지 - 여자들이 아들이나 딸을 낳았다는 기사는 읽었지만 의사, 변호사, 예술가, 위대한 사람을 낳았다는 소식(기사)은 듣지도 보지도 못했다. 그러나 의사, 변호사, 예술가, 위대한 사람들이 사망했다는 소식(기사)은 들었다. 이들은 '태어나지는' 않았지만, '죽기는' 했으므로 분명히 살아가는 동안 자신이 선택하고 훈련하고 노력하고 또 연마해서 원하는 삶으로 성공한 것이다.

실제로 여자가 성공자나 실패자를 낳은 경우는 보지 못했다. 아들이나 딸이면 몰라도 말이다. '제 힘으로 성공했어요' 라고 말하는 사람은 봤지만, 지금껏 여자든 남자든 간에 '저 때문에 실패했어요' 라고 말하는 사람은 보지 못했다. 그들은 이렇게 말했다. '부모님 때문에 행복하거나 성공한 게 아닙니다' 라고 말하는 걸 봤다."

그렇다. 성공과 행복은 바로 당신에게서 시작된다. 이 책이 전달하는 메시지에 동감한다면, 지금부터라도 가능하면 빨리 당신이 스스로 미래의 '꿈'을, 그리고 '성공'을 이루어 나갈 수 있다는 점을 깨달아야 할 것이다. 그리고 당신은 당신 내부에 잠들어 있는 엄청난 '잠재력'을 처음으로 발견하게 될 것이다.

신념을 가져라

자신을 믿어야 한다.

골퍼들은 공을 호수에 빠뜨리거나 경계선 밖으로 쳐 보낼 때 한 걸음 물러서서 이런 말들을 한다고 한다.

"내 이럴 줄 알았어."

이는 곧 골퍼의 마음이 그림을 그렸고, 그의 몸이 행동을 취한 셈이 된다. 긍정적으로 보면 성공한 골퍼들은 자신이 공을 치기 전에 컵 안으로 공이 흘러 들어가는 것을 '봐야' 한다는 것을 안다.

야구에서 뛰어난 타자는 야구공을 치기도 전에 안타를 예견하며, 능력 있는 세일즈맨은 자신이 전화를 걸기도 전에 고객들이 구매할 것을 예측한다. 그리고 미켈란젤로는 처음 망치를 휘두르기도 전에 대리석 안에 있는 모세의 모습을 보았다고 한다.

성공과 행복의 출발점은 건전한 자기 이미지 관리에 있다. 당신은 누군가를 정말 좋아하기 전에, 혹은 당신이 성공하고 행복할 만한 자격이 있다는 사실을 받아들이기 전에 자신을 먼저 받아들여야 한다. 어떤 일의 동기, 목표 설정, 긍정적인 사고들도 당신이 받아들이기 전까지는 아무 소용이 없다. 이런 것들이 모두 당신 것이 되기 전에도 당신은 성공하고 행복할 '자격이 있다'고 느끼는 것이 정말 중요하다. 초라한 자기 이미지를 가진 사람들은 긍정적인 사고, 목표 설정 등이 남에게 얼마나 효과를 내는지, 자신에게는 얼마나 효과가 없는지를 쉽게 볼 수 있다.

자신이 원하는 것, 되고 싶어 하는 것을 확실하게 머릿속에 그림으로 그려야 한다. 그리고 그것이 실현된다는 확신을 가져야 한다. 희망이나 바람을 단순한 꿈으로 끝내지 않기 위해서는 '신념의 힘'이 무엇보다 중요하다.

지나친 습관성을 탈피하라

인간의 두뇌는 한 가지 일을 계속해서 하면 그 일에 숙달되어 그 만큼 능률도 향상된다. 하지만 사물에 대한 사고방식이나 행동은 그 만큼 저하되는 경향이 강해지기 마련이다.

너무 숙달되어도 문제는 있다. 이것은 지금까지 해 온 행위가 숙달됨과 동시에 어느덧 나태하게 됨을 뜻하는 것이다. 이른바 매너리즘(mannerism)에 빠지는 현상인 것이다. 이쯤 되면 그 일 자체가 실증을 느끼게 되는 지경에 이른다.

이러한 매너리즘에 빠지지 않기 위한 대응책으로는 우선 새로운 일을 처음 시작할 때는 새로운 환경을 조성하는 일이 무엇보다 중요하다. '심적인 나태성'에서 탈피하여 새로운 목표로 의욕을 북돋우기 위해서는 '시동'(start motion: 始動)이 중요하기 때문이다.

소극적인 사람의 경우는 전환점이 필요하다. 또 그 일을 처리할 때 자기가 가장 자신 있게 처리할 수 있는 일부터 착수해 나가는 방법이 좋다. 자신 있는 일부터 하게 되면 의욕과 자신감이 붙게 마련이다. 이 원동력은 바로 다음 일을 추진하게 하는 새 원동력이 된다. 작은 성공의 체험들을 밑바탕으로 해서 의욕 있는 출발을 시도할 수 있기 때문이다.

여기서 덧붙이고 싶은 것은 몰두함으로써 의욕이 솟구칠 수 있는 그 일의 일부는 순조로운 내일의 출발을 위해 다 하지 말고 약간 남겨두라는 것이다. 그래서 내일의 출발은 약간 남긴 일을 마무리하는 것으로 시작하는 것도 좋다.

기본에 충실하라

'기본에 충실하라' 는 말은 자기의 기본바탕(SOC=social overhead construction: 기반설비 또는 토대)이 경쟁력을 갖추도록 충실하게 하라는 뜻이다.

이는 요즈음 대학 졸업생을 상대로 하는 취업시장에서 흔히 통용되는 '스펙' 을 지칭하는 말이다. 대기업에서 정기 공채를 할 때, 서류심사의 대상이 바로 이 스펙이다. 1차 서류 전형에 합격하면 실제 모집인원의 몇 배수(예컨대 100명을 뽑을 경우, 3배수라면 300명)를 1차 합격으로 발표하고 지정 일에 면접 자격이 부여된다. 이처럼 요즈음 추세는 입사지원 경쟁에서 면접 부분이 특히 강조되는 경향이 있지만, 이 역시 기본바탕(SOC)은 모든 경쟁에서 최우선 덕목이 된다.

기본바탕이 잘 갖추어져 있으면 인생 여정에서 탄탄한 순항을 계속할 수 있고, 어떠한 환경의 변화가 닥쳐도 꿋꿋하게 버티고 헤쳐 나갈 수가 있다. 인생설계에서 아주 중요한 덕목이 아닐 수 없다.

지름길은 없다, 기본항목을 적립하라

우리나라의 교육과정은 초등, 중등, 고등, 대학(또는 전문대), 대학원 등으로 수직계열화 되어 있다. 이 가운데 어느 한 단계가 빠지면 연결고리가 끊어지므로 검정고시 등 보완 채널을 통해서 그 고리를 연결시키지 않으면 학력이라는 기본항목에서 평가가 떨어지는 장애요인이 될수 있다. 특히 가정형편이 어려운 경우에는 난감하기 그지없다. 사회에 첫발을 내딛기도 전에, 인생 출발점에서부터 차별화가 시작되는 경우이기 때문에 국가적으로도 매우 큰 인재손실로 이어질 수밖에 없다.

우리의 역사를 거슬러 올라가 볼 때, 1960년대 경제발전초기(또는 산업발전초기)를 전후하여 여러 가지 보완제도가 갖추어지기 시작함으로써자기 자신만 굳게 마음먹고 노력하면, 그 같은 기본항목에서 손해를보는 일이 없는 세상이 되었다. 나의 경우가 바로 여기에 해당한다.

나는 초등학교 졸업 후 집안 사정으로 진학을 포기하고, 집안일을 하면서 '중앙통신강의록'(中央通信講義錄)으로 중등과정을 독학하였다. 어린마음에도 좌절하지 않고 학습에 관한 열망 하나로 길을 찾고 매달렸던것이다.

이렇게 '강의록'에 의지한 독학으로 2년을 준비하던 중, 마침 서울서대문구에 있는 모 중학교에서 편입생을 모집한다는 광고가 신문에났다. 나는 이 광고를 보는 순간 큰 결심을 하고 어머님과 공무원이던형님의 도움으로 쌀 세 말을 등에 메고 서울로 가는 기차에 무조건 올랐다. 마침 서울 용산구에 먼 친척집이 있어서 그나마 다행이었다.

기차는 새벽이 되자 서울역에 도착하였고, 곧바로 친척집으로 가 쌀을 드리고 시험 준비를 하였다. 다행히 중학교 2학년 전형시험은 독학으로 공부했던 수준보다는 쉬웠다. 중학교 편입시험에 무난히 합격하고 시골에서 첫 입학금과 등록금을 보조 받아, 그렇게도 동경하고 갈망하던 중학생 모자를 쓰게 되었다.

1950년 3월 무렵, 2년간 중단되었던 나의 학업은 편입시험에 합격하면서 이렇게 명맥을 이어가게 되었다. 정말 감사하고 다행스러운 일이었다.

그러나 인간사 새옹지마라고 했듯이 몇 달 뒤에 6·25 한국전쟁이 발발하여 희망에 부푼 중학생 생활도 중단되고 말았다. 너무나 마음이 아팠지만 전쟁의 소용돌이 속에서 살아남기 위해 서울을 등지고 시골누님 댁으로 가기로 결심하였다.

늦은 밤에 마포에서 민간 선박에 몸을 싣고 여의도에 도착하였다. 그당시 철도는 폭격으로 모두 파괴되었기 때문에 이동을 하려면 걷는 것외에는 달리 방법이 없었다. 허허벌판의 여의도에서 천안－직산－공주－부여를 거쳐 세도면에 있는 누님 댁에 한밤중에 들어갔다. 인민군치하에서 낮에는 도로 근처 야산에서 은신하고, 저녁이 되면 민가에내려와서 간신히 끼니를 해결하면서 며칠 밤을 혼자서 걸었다. 누님과매형이 반갑게 맞이해 주셨다.

전시 상황이었기 때문에 서울 수복이 될 때까지 누님 댁 안채 골방에서 기약도 없이 하루하루를 보낼 수밖에 없었다. 그런 가운데 수복이되자 부산 피난지에서 여수로 발령을 받은 형님이 나를 찾으러 왔다.꿈만 같았다.

형님과 함께 여수에 도착하자 '드디어 살았구나' 하는 안도감에 기쁨을 감출 수가 없었다. 하지만 나의 뇌리에는 학업을 무엇보다 우선적으로 계속하는 것이 과제였다. 다음날 바로 Y중학교 교무처를 찾아갔다. 학생증과 몇 가지 증빙을 제시하니 청강생으로 입학이 허락되었다. 청강생이란 전시 기간 중에 한하여 피난지에서 소정의 수업을 받을 수 있는 임시조치로 서울이 완전히 수복되어 교육환경이 복구되면 원래 다니던 학교에 복교하는 전시임시학사제도이다.

하지만 나는 형님과 함께 여수에서 정착할 예정이었기 때문에 얼마 후에 정식으로 Y중학교 2학년으로 편입수속을 밟고 그렇게도 소원하던 학업을 이어가게 되었다.

학업에 총력을 다하고 열중하는 것이 기초를 쌓는 길이다

「명심보감 입교편(明心寶鑑 立教篇)」의 '공자 삼계도'(孔子 三計圖)에 다음과 같은 내용이 있다.

공자 왈(孔子 曰);

일생지계 재어유(一生之計 在於幼)하고

일년지계 재어춘(一年之計 在於春)하며

일일지계 재어인(一日之計 在於寅)하니

유이불학 노무소지(幼而不學 老無所知)요

춘약불경 추무소망(春若不耕 秋無所望)이며

인약불기 일무소판(寅若不起 日無所辦)이니라.

공자께서 말씀하시기를;

일생의 계획은 어릴 때 있고, 일 년의 계획은 봄에 있으며, 하루의 계획은 새벽(寅時)에 있으니, 어려서 배우지 않으면 늙어서 아는 것이 없고, 봄에 밭을 갈지 않으면 가을에 추수할 것이 없으며, 새벽에 일어나지 않으면 그날 할 일이 없느니라.

이 말은 학문을 연구하고 배우는 것도 모두 시기(때)가 정해져 있다는 뜻으로 어리고 젊었을 때 배우지 않으면 늙어서 소용없게 된다는 뜻이다. 앞서 말한 것처럼 학문에는 지름길이 없고, 때(時) 또한 정해져 있다는 평범한 진리를 새겨두어야 할 것이다.

내가 대학교 2학년이 되자 학비 마련이 너무 힘든 상황에 놓이게 되었다. 다양한 길을 열어 놓고 고민하고 있을 때 군복무를 먼저 마쳐야 한다는 결론에 이르게 되었다. 나는 자진입대의 길을 선택했다.

1957년 가을이었다. 코스모스가 논산 훈련소 연병장 옆길에 활짝 피어서 나를 환영하는 듯 서 있던 광경이 지금도 눈에 선하다. 논산 훈련소에서 전반기 훈련생활이 끝나가는 어느 날, 오전 훈련이 끝난 휴식시간이었다. 육군본부에서 특수요원 두 명이 훈련소로 내려왔고, '영어특별시험을 볼 사람은 앞으로 나오라'고 지시하였다. 이때 수많은 응시생 중에 나도 끼어서 필기시험을 보았다.

1시간도 안 되어 합격자 5명을 발표했는데 거기에 나도 포함되어 있었다. 합격자들은 그 날짜로 용산 삼각지에 있는 육군본부 발령과 동시에, 밤차로 서울로 상경하게 되었다. 나는 이들과 함께 엉겁결에 육군본부로 이동하였고, 그 다음날 오전에 영어회화 시험을 포함한 면접 시험을 거쳐 육본 인사참모부(G-1)에 배속되었다.

인사참모부에서 나는 맡은 일(육군인사총괄업무)을 열심히 수행하였다. 이곳 편제는 과장이 대령(C대령)이며, 계장은 중령(R중령), 그리고 선임하사가 업무총괄을 했는데, 나는 운 좋게도 일과 후 내무반에 들어가기 전까지 영외출입(출입증 소지)이 가능했다.

다행스러운 것은 이 시간을 활용하여 시간제 과외선생으로 학비를 모을 수가 있다는 사실이었다. 나의 고교시절 은사이신 L선생님의 소개로 이렇게 귀중한 기회를 얻게 되고 결실을 맺은 것이다. 정말 감사했다. 1년 6개월을 G－1에 복무하면서 제대 후 복학만을 기다리면서 희망찬 나날을 보내고 있었다.

제대를 몇 주일 남겨 놓은 어느 날, 과장(C대령)이 조용히 나를 부르는 게 아닌가. "이번 정기 인사이동 때, 내가 1군사령부(춘천) 법무참모장으로 발령 받아 가게 되는데 나를 도와 함께 갈 수 있겠는가?"라며 제안을 했다. 이러한 제안을 했던 C대령은 5·16혁명 직후, 법무부장관에 발탁 기용되어 국정을 맡았던 분이다.

나는 생각할 여유를 하루 달라고 부탁했고, 그 다음날 정중하게 사양하였다. "과장님, 정말 감사합니다. 저 같은 천학비재를 중히 여기셔서 함께 일하자는 청을 하신데 대해서는 평생 동안 영광으로 간직하겠습니다. 그러나 저는 제대를 하면 중단되었던 학업을 계속해야 합니다. 결코 학업시기를 놓칠 수는 없습니다. 저의 진심을 너그럽게 이해해 주셨으면 감사하겠습니다. 대단히 죄송합니다."

그 후 나는 제대를 하고, 그동안 모아 놓았던 적립자금으로 등록금을 납부한 후 학업을 이어가게 되었다. 나는 지금도 그때의 결정(학업 우선의 원칙)이 옳았다고 생각한다.

도전정신은 성공의 튼튼한 기둥이다

직장의 인적관리 요소

직장을 나의 도전 장소로 생각한다면, 언제나 활기 넘치는 업무처리가 이루어질 수 있을 것이다. 우선 직장 자체의 인적자원 관리 요소를 개괄해 보면 "내 자신이 그 안에서 어떻게, 어떤 부문에서 도전을 펼칠 수 있을까?"를 알 수 있게 될 것이다.

나는 금융기관 근무 초기와 중기에 은행의 인사부 연수과 계장 및 연수부장을 역임하면서 직접 은행경영 내부의 인적자원 요소를 챙기는 업무를 담당했을 뿐만 아니라, 다년간 대학에서 직접 '기업경제학' 분야를 강의하면서 이 분야를 이론적으로 연구한 경력도 있기 때문에 이를 바탕으로 기업경영에서 필요로 하는 인적관리 요소들을 좀 더 체계적으로 살펴보고자 한다. 인적자원 관리 항목은 개략적으로 다음과 같다.

인적자원 관리의 요소

기업의 인적자원 관리의 요소는 기업조직의 목표 달성을 위해 필요한 지식과 기술을 가진 인적자원을 확보하고 유지하는 데 소요되는 요소로서 인적자원계획, 모집·선발, 오리엔테이션, 교육·훈련·개발, 업적평가, 보상관리, 사원·노사관리, 전보·이직관리 등 8가지 요소로 요약할 수 있다.

인적자원계획

기업조직에서 기업 내의 적정 소요 인원수, 필요자격 요건, 기술 자격의 종류 등 중장기적 인적자원 수급계획(human resource planning)을 수립하는 일을 말한다.

모집 · 선발

기업이 필요한 지식과 기술을 소지한 사람들을 채용하는 것을 모집(recruitment)이라 하고, 조직 목적에 합당한 응모자들을 시험, 면접 등을 통해서 뽑는 과정을 선발(selection)이라 한다.

오리엔테이션

선발된 신규 입사예정 사원들에게 신입사원연수교육을 통해서 기업정책, 업무매뉴얼 및 기본업무취급요령 등을 소개 숙지토록 함으로써 업무현장에 바로 투입할 수 있는 준비를 하는 과정을 오리엔테이션(orientation)이라고 한다.

교육 · 훈련 · 개발

신입사원들에게 한층 더 효율적인 개인, 집단, 전체조직이 되도록 팀워크와 조직력을 고취시키고 이를 지원하기 위해 설계된 프로그램을 훈련·개발(T&D : training and development)이라 한다. 사원훈련 방식에는 OJT(on the job training)와 Off JT(off the job training)의 두 가지가 있다.

OJT방식은 일하면서 훈련교육을 받도록 하는 방식이다. 현장교육이기 때문에 실습을 겸해서 숙련도를 높이고 또 순환교육으로 기능 향상을 심화시킬 수 있다. 이에 반해서 Off JT방식은 일을 떠나서 일정 기간 한 장소에서 집합교육을 실시하는 것인데, 특정 테마에 대해서 교육의 집중도를 높이게 되는 특성이 있다. 여기에는 집합교육, 통근교육, 통신교육 등이 있다. 관리직(과장, 차장급) 교육에 주로 활용되고 있다.

업적평가

개개 구성원의 일정기간의 근무업적을 상위자가 일정 기간마다 평가하여 이를 직계라인에 따라 보고함으로써 해당 직원의 인사(전보, 승진)에 반영토록 하는 내부관리제도를 업적평가(performance evaluation)라 한다. 종전에는 인사고과(人事考課)라고도 불렀으며, 직원의 능력, 집무, 업적을 제1단계 직속상사(대리 - 과장), 제2단계 부서 상사(부장), 제3단계 총괄(인사부장이 조정) 등 단계별로 상위자가 실시 진행하여 완성하는 제도로 정착하였다.

보상관리

조직목표 달성에 대한 기여도에 따라 사원이 받게 되는 보상(compensation)을 말한다. 여기에는 금전적 보상과 특별휴가 등 비금전적인 대가도 포함된다. 업적증강 캠페인 기간에 주로 시행된다.

사원 · 노사관리

사원의 개인적 고충해결, 보건관리, 안전작업관리 및 기타 환경개선 등을 최적 관리함으로써 노동의 효율성을 도모하고, 또 사원들이 노동조합을 결성하여 합법적인 테두리 안에서 경영층과 협상할 수 있는 제도를 마련하고, 이러한 노사관계를 협력적으로 이끌어 감으로써 조직의 효율성을 극대화하게 된다.

전보 · 이직관리

승진, 전보, 이직 등 자리를 떠나게 되는 것을 말한다. 승진(promotion)과 전보(transfer)는 사원의 직무와 지위가 공식적으로 변환되는 것을 말한다. 승진은 수직적 승진인사이며, 전보는 수평적 이동인사라고 한다.

이직은 고용관계의 영구적 단절을 말하며, 사직, 퇴직, 해고 등이 이에 해당한다. 사직은 자기의사에 의해서 회사를 떠나는 것을 말하고, 퇴직은 정년이 되어 회사를 그만두는 것을 말하며, 해고는 어떤 불미스러운 사유로 회사 쪽에서 사원과의 고용관계를 해제 · 단절하는 것을 말한다.

항상 최선의 준비와 실천에 만전을 기하라

직장 내에서도 도전 기회는 얼마든지 있다. 다만 문제는 자기 자신이 거기에 대응할 준비가 갖추어져 있느냐의 여부에 달려 있는 것이다. 그런데 이 도전은 입사시험에서부터 시작된다는 것을 명심해야 한다. 그 실제 사례를 몇 가지 들어 보고자 한다.

첫째, 모집 · 선발의 경우

신입사원 채용시험에서 합격만 하면 그만이라는 안일한 생각에서 벗어나야 한다. 운 좋게 합격되었다고 하자. 신입사원 교육을 마치고 입사선서가 끝나면 인사부장이 개개인을 호명하면서 수여하는 인사발령장을 받는 순간···. 여기서 차별화가 나타난다. 즉, 인사배치 부서명이 각자 스펙에 따라 달라질 수 있기 때문이다.

예컨대 평범한 경우는 일선 지점(지방, 또는 변두리 점포)에 근무 발령이 기재되어 있을 것이다. 도전자는 여기서 자유로울 수 있도록 사전 준비를 이미 끝냈어야 한다. 다시 말해서 그 직장이 요구하는 적소에 필요한 자격증을 이미 땄다던가, 보통고시(공무원 자격시험) 합격증을 가졌다던가, 그곳과 관련 있는 활동경력을 보유하고 있다 등등··· 이런 경우에 인사발령권자의 뇌리에는 심하게 끌리는 힘을 느끼게 될 것이다. 바로 출발점에서부터 유리한 고지에 선착할 수 있는 기회가 준비된 사람에게는 처음부터 적재적소로서 맞아 떨어지게 될 수도 있다.

둘째, 오리엔테이션의 경우

입사시험 합격 후 신입사원의 연수교육 기간에도 도전 기회는 늘 따라 다닌다. 교육훈련 기간은 대략 4주 또는 한 달인데, 그 사이에 대개의 경우 주말마다 평가 시험이 뒤따른다. 합숙훈련을 하므로 학습 - 복습이 어렵기도 하지만 조금도 긴장을 늦춰서는 안 된다. 그뿐 아니라 교육기간 중 끊임없이 관계 평가요원들이 일거수일투족을 밀착 평가하고 있다는 것을 간과해서도 안 된다. 평소 자세, 태도, 동료 간의 협

동심, 시험 성적, 기타 등등이 종합 집계되어 신입사원 인사발령 시 반영됨은 물론, '인사고과자료란'에 영구히 기록되어 보존된다는 사실을 한시도 잊어서는 안 된다.

셋째, 교육·훈련·개발의 경우

입사 후 교육－훈련－개발은 업무수행능력을 업그레이드 시키는 직장 내 교육과정인데, 두 개의 채널로 시행된다. 하나는 각 직급별로 필요한 업무내용을 적절히 배분하여 실시하며, 또 다른 하나는 이와는 다르게 각 직능별로 실시하는 교육이다. 전자는 신입사원 재교육, 감독자 교육(대리급), 관리자 교육(차과장급), 부점장 교육(부장－지점장) 등 수직적 계열화 교육이며, 후자는 각 업무별 분장업무에 대해서 실시하는 경리 간부교육, 생산 간부교육, 마케팅 간부교육, 회계 간부교육, 해외 국제업무교육 등 수평적 계열화 교육이다.

또한 국내외 파견교육도 실시되는데, 국내 전문교육기관에서 운영되는 고급전문과정에 소정교육기간 동안 파견교육을 시키는 경우도 있다. 그뿐 아니라 국외(해외) 전문분야 파견연수 과정도 있다.

일반적으로 국내외 사외 연수과정 파견은 사전에 선발시험을 실시해서 결정하는데 응시자격에 일정 자격요건을 제한하는 경우가 일반적이다.

이 모든 교육연수과정은 직장 내에서 하나의 스펙을 적립하는 과정이며, 그 평가결과는 하나도 빠짐없이 각자 인사기록카드에 기록 유지된다. 이 기록이 인사발령 시 우선적으로 반영됨은 물론이다. 이러한 여러 과정에 마지못해 끌려 다니며 그 과정을 이수하는 것과, 도전의 식과 강렬한 의욕을 가지고 능동적으로 참여하는 것과는 그 성과에 있어서 하늘과 땅 차이만큼 격차가 발생하며, 직장 내 자기가 나아갈 길의 모습도 크게 달라지게 될 것이다.

넷째, 업적평가의 경우

직장 내에서 업적평가('인사고과')는 경우에 따라 다를 수도 있지만 대략 일 년에 한 번씩 하게 되어 있다. 직계라인에 따라 계층별로 평가하는데, 제1 직상위자의 평가비중이 가장 높고 다음으로 위로 올라가면서 낮아진다. 왜냐하면 해당자를 평가함에 있어서 직상위자가 그 누구보다도 정확히 파악하고 있기 때문이다.

이 평가 결과를 가지고 연말 정기승급을 따지는데, 일반적으로 보통이면 정기승급액이 일정하겠지만 특별히 우수한 평가를 받은 경우는 '특진'의 혜택이 부여되어 동료들보다 20~30% 추가로 가급되고 서열도 자동승급되는 경우도 있다. 이것은 다름 아닌 그 사람의 도전정신이 열매를 맺은 결과라 할 수 있다.

이와 반대로, 평소 근무태도가 부실하고 업적도 미달 상태인 데다가 업무과실로 회사에 큰 손실을 끼친 경우라면 평가자체가 나빠질 것은 당연하다. 따라서 고과점수에서 인사상 불이익을 받게 된다.

다섯째, 그 밖의 경우

이 밖에도 여러 경우가 있을 수 있는데 특별히 한 가지만 사례를 든다면 다음과 같다. 금융기관의 경우에도 '을지연습'이 정부 스케줄과 동일 기간에 동일하게 진행되는데, 이때 내부 각 부서에서 금융분야 을지연습을 이끌어 갈 요원들을 선발한다.

이 훈련은 그 성격과 내용이 금융기관 업무와 동떨어져 있고, 실시 기간 동안에는 24시간 잠을 못 자고 훈련하기 때문에 누구나 꺼려하는 게 사실이다. 어려운 일, 남들이 하기 싫어하는 일에 솔선해서 참가하고 도전해서 각 기관 간 경쟁체제 안에서 우수한 결과를 가져와 그 기관이 우수한 평가를 받는다면 나중에 해당 직원은 대내적으로 좋은 평가를 얻게 됨은 당연한 일이다. 이러한 사례도 하나의 도전의식의 소산이라고 볼 수 있다.

그리고 절대적으로 유의해야 할 점은, 해외파견 연수생 모집시험에 응시 준비를 할 때는 동료들에게 내색을 해서도 안 되고, 이를 핑계로 업무를 태만히 해서는 더욱 안 된다. 자기 잘되려고 주변사람들에게 폐를 끼치는 행태를 누가 좋은 눈으로 바라보겠는가? 응시서류를 제출해 놓고 시험 당일에 직계라인에게 조용히 알리면 된다.

지금까지 직장 내 인적자원관리 과정 가운데 자기개발과 연관되는 경우, 도전정신을 잘 발휘한다면 자기실현의 열매를 얻을 수 있다는 점을 간단하게 소개해 보았다. 이에 대한 구체적인 체험담은 뒤에 설명해 놓았다.

인생의 계단에는 엘리베이터가 없다, 실력으로 경쟁하라

인생의 긴 여정에서 성공(꿈을 이룸)에 다다르는 길목에는 여러 개의 계단이 있다. 학자에 따라, 논객에 따라, 형태에 따라 내용과 명칭은 달라도 계단의 성격은 비슷하다. 시간이 흐름에 따라, 노력의 결실이 하나씩 축적됨에 따라, 그 계단을 한 계단씩 밟고 올라가서 마침내 최종 계단인 정상(頂上)에 이르러 성공의 목적계단에 올라서게 되는 것이다.

그런데 올라가는 과정은 계단을 통해서 하나씩 차근차근 극복하고 올라가야지 처음부터 정상까지 단숨에 엘리베이터를 타고 간다든가 중간에 뛰어들어 정상까지 벼락치기로 오른다든가 하는 일은 절대로 불가하다는 것을 강조하고 싶다. 처음부터 끝까지 자기 실력으로, 자기 노력으로, 자기 스스로가 도전해서 일구어 낸 진실한 성공만이 생명력이 있기 때문이다.

엘리베이터로 가능하다면, 노력 없이 힘 들이지 않고 그냥 정상에 오를 수 있겠지만 세상에는 절대로 공짜는 없다. 땀을 흘리고 노력을 하고 성실히 준비하는 사람만이 오를 수 있는 계단이다.

2014년 3월 중국 전국인민대표회의(국회 格)에서 시진핑(習近平) 주석이 다음과 같이 연설을 하였다.

모든 배는 먼저 도착하기 위해 다툰다.
노를 열심히 젓는 자가 먼저 항구에 도착한다.

다시 말해서 '열심히 노 젓는 자가 먼저 항구에 도착한다'는 말이다.

13억 국민을 이끌어 가고 있는 중국의 세계적인 지도자가 인생의 여정에서 '끊임없는 꾸준한 노력'을 강조한 말이다.

그렇다. 목표를 향해 쉬지 않고 꾸준히 노력하는 자만이 성공의 문에 도달하게 되는 것이다.

또 다른 사례 하나 더 소개하고자 한다. 어느 교양서적에서 우연히 읽은 내용이다. 주인공이 고등학교 졸업 후 보통고시에 합격해 공무원에 채용되어 서울의 어느 우체국에 근무하게 되었다. 그는 다시 행정고시에 도전해 보고 싶어서 주간에 사무를 보면서 고시준비를 하는데 애를 무척 썼다고 기술하고 있다. 직장에서도 공개적으로 배려해서 업무는 거의 다른 동료직원에게 부탁하고 전적으로 고시준비에만 집중했다. 여기에다가 야간대학 학업까지 겸행했다. 그러고 나서 세 차례의 실패 끝에 네 번째에 행정고시 합격의 영광을 얻게 되어 그 후 줄곧 승진을 거듭하면서 관료생활을 하여 결실을 맺게 되었다고 한다.

그러나 엄밀하게 분석해 봤을 때 공무 집행에 문제점이 있었을 거라는 생각을 지울 수 없다. 이는 결코 떳떳한 자랑거리가 될 수는 없다. 직장인이라면 남을 배려할 수 있어야 하고, 특히 국록(國祿)에 대한 무거움을 느낄 수 있어야 공인으로서의 정체성이 있다고 말할 수 있을 것이다. 그러므로 사리(私利)를 위해 공익(公益)질서를 공공연하게 배제하는 것은 권장할 만한 내용은 아니라고 본다.

전문성을 길러라

전문성은 남과 다른 그 "무엇"을 뜻한다. 즉, '차별성'을 부각시키는 내용이다. 이 전문성은 일평생 자신의 성장도구가 될 수 있는 것은 물론, 전 생애기간 동안 자신을 먹여 살리는 인생항로의 기초(기반시설)가 될 것이다.

전문성의 축적은 모딜리아니의 생애주기 가설에서 역U자소득곡선 (逆U字所得曲線)의 높이를 확대시켜 미래 평균소비곡선의 수준을 상향시킨다.

전문성은 평생을 먹여 살리는 원동력이다

현직의 바쁜 일상 업무를 성실하게 수행하면서 새로운 미래 목표를 향하여 스스로 그 '무엇'을 항상 준비하고 성취한다는 것은 역동성을 유지하면서 삶의 보람을 느끼는 일이다. 앞서 서술한 여덟 가지 인적 관리요소 가운데 교육·훈련·개발의 사례에 해당되는 나의 체험 이야기를 소개하고자 한다.

첫 번째 체험: 해외파견연수생 선발시험 합격

우리나라가 일제 강점기에서 해방되어 금융업이 독립적으로 국제화 시대를 열기 시작한 것은 1960년대 초기이다. 이 무렵 많은 은행들이 해외점포를 설립하기 시작했는데, 그 가운데서도 맨 먼저 '한일은행' (지금 '우리은행')이 해외 지점을 일본 도쿄에 개설하고 영업을 시작하였다.

이때 은행 내부에서는 다가오는 해외 지점 진출시대를 맞이하여 해외업무에 관심이 쏠리고 있었다. 이에 발맞추어 은행에서도 미래의 해외은행요원을 양성하기 위한 첫걸음으로 주요 해외 외국은행의 선진 업무를 연수해 오기 위해 해외연수파견생 선발시험이 실시되고 있었다. 응시자격은 대리급으로 한정되어 있었기 때문에 생각보다는 경쟁 범위가 확대되지 않았고 우수한 몇몇 젊은 대리급 책임자 간의 경쟁으로 이루어졌다.

내가 승진을 하여 기획조사부 기획과 대리로 근무하던 1969년 가을, 은행에서 해외파견연수생 선발시험이 실시되었다. 영어권, 독일어권, 일본어권 등 3대 어학권역 별로 실시되었는데 나는 영어권을 선택하였다.

이 시험을 준비하기 위해 개인적으로 철저하게 시간투자를 하였기 때문에 어느 정도 자신 있게 응시할 수가 있었다. 물론 은행 내의 근무 부서에서는 절대 눈치채지 못하도록 보안을 유지하면서 영어학원의 새벽반을 활용하였다. 가장 힘들었던 것은 일과 후 동료들과 어울릴 때 핑계를 대고 피하는 일이었다.

영어회화 공부를 위해 무교동 어학원에 등록을 하고 원어민 강사로부터 회화를 학습했고, 곧 이어서 종로구 동숭동 대학로 서울대학교 문리과대학(당시) 영어회화과정(원어민 교수)도 이수하면서 1년 이상 준비를 했다. 물론 철저하게 보안을 유지하면서 진행하였다는 점은 재삼 말할 필요도 없다.

시험은 흔들림 없이 잘 치루었고, 며칠 후에 있는 합격자 발표에서 내 이름을 확인할 수 있었다. 그리고 얼마간의 기간이 지난 후, 호주의 시드니에 있는 웨스트팩 은행(West Pac Bank; 당시 이름은 The Bank of New South Wales) '국제본부'로 연수파견 발령을 받게 되었다.

두 번째 체험: 외환업무 전문요원 선발시험 합격

1970년대에 국내은행들이 본격적으로 대외 외환업무 확충을 위해 앞다투어 외환업무 전문요원 확보에 열을 올리고 있었는데 한일은행도 외환업무 전문요원 선발시험을 실시하게 되었다. 나는 이 선발소식을 당시 H전무님으로부터 듣고 미리 준비를 했기 때문에 우수한 성적으로 합격하여 그렇게 희망하던 외국부에 발령을 받게 된 것이다.

외환요원 선발시험 실시 정보는 우연한 기회에 알게 되었다. 기획과 대리로 근무하던 어느 날, 상반기 은행경영계획수립을 위한 품의서를 들고 직접 전무실로 들어가서 설명을 드리고 결제를 받은 후 나오면서, 전무님께 한마디 던져 보았다.

"전무님, 한 가지 소청드릴 말씀이 있습니다."

"무언데…? 말해봐!"

"네, 말씀드리겠습니다. 제가 기획과 대리로 일한 지 3년이 지났습니다. 새로운 은행 일을 배워 보고 싶은데… 이왕이면 외국부에 가서 외환업무를 배우고 싶습니다. 기회가 허락되면 열심히 일해 보고 싶습니다. 저는 이미 시드니에서 외환업무 해외연수도 끝냈습니다만……."

실은 지난해 연말에 H전무께 연하장을 시드니에서 보내드린 기억이 떠올랐기 때문에 해외연수 이야기를 한 것이다.

"참 그렇지! 그러면 쉽게 풀 방법이 있는데… 다음 달에 외환업무 전문요원 선발시험이 있을 거야. 대리급이 대상이니까 자네가 응시하면 적격이겠는걸… 어때? 거기에 응시해 보지."

이 얼마나 반가운 소식인가!

"네, 알겠습니다. 꼭 응시하겠습니다. 감사합니다."

너무나 기쁜 마음으로 인사를 드리고 나왔다. 그 후 한 달 동안 열심히 시험 준비를 한 것은 물론이다. 한 달 후 시험에 응시했고, 나는 거뜬히 수석 합격하여 정기 인사이동에서 외국부 대리로 발령을 받게 되었다.

세 번째 도전: 세계은행 경력사원 도전 실패

이 세 번째 체험은 실패하지 않고 성공했었더라면 내 인생의 향방은 180도 바꾸어졌을지도 모른다.

1975년부터 1977년까지 3년 가까이 사우디아라비아 젯다(Jeddah)에서 중동 주재원 근무를 마치고 외자부 차장으로 발령을 받아 귀국한 지 몇 달이 지난 때였다. 세계은행(The World Bank)이 은행 여신분석담당 간부요원을 모집한다는 국내 영자신문 광고를 입수하고, 지정하는 기본 자료와 경력서 및 서류들을 준비해서 뉴욕 본부로 발송했다.

얼마 후 서류심사에 합격됐으며, 곧 면접관이 뉴욕에서 서울로 갈 것이라는 통보를 받았다. 그리하여 그동안 나는 나름대로 열심히 면접 준비에 들어갔다. 영어회화 준비, 최근 세계금융경제 주요 이슈, 개도국의 금융발전방향과 세계은행의 역할 등 관련 분야의 정보와 자료들을 망라해서 철저히 학습하고 대응 준비를 했다. 그 후 지정일, 지정시간에 조선호텔에서 미국인 면접관을 만나서 인사를 나눈 다음, 본격적으로 면접에 들어갔다.

면접관의 질문에 성의껏 답변했다고 생각했지만, 흡족할 만한 면접은 아니었다고 느껴졌다. 왜냐하면 내가 준비한 방향에서 벗어난 질문이 많았고, 회화 내용도 의사소통에 조금 원활치 못했구나 하는 아쉬움이 뇌리에서 떠나지 않았기 때문이었다.

면접 결과 통보는 약 한 달 후에 있을 거라는 말을 남기고 그 면접관은 김포공항을 향해 자리를 떴다. 한 달 후 나는 결국 불합격 통지를 받았다. 그러나 몇 달 동안에 걸쳐 시험 준비를 했음에도 결국은 불합격통지를 뉴욕의 세계은행으로부터 받고는 허탈감에 빠지고 말았다.

희망하던 일에서 불합격 통지를 받았을 때는 견디기 힘들었지만, 그 후 나에게 커다란 반면교사의 결과를 가져오리라고는 꿈에도 생각하지 못했다. 왜냐하면, 그 실패를 계기로 나는 새로운 발상의 전환을 도모해야 한다는 생각이 떠올랐기 때문이다.

'왜 내가 밖으로만 눈을 돌려야 했나? 안으로 돌려보자!' 그리하여 꾸준히 노력하고 철두철미하게 준비한 결과, 얼마 후 한일은행 바레인 지점장이라는 은행 해외영업장 발령을 받은 것이다. 나는 결국 해외에 나가게 되었고, 마침내 해외 점포장이라는 책임을 맡게 된 것이다. 그래서 나는 계속해서 은행 간부로서 성장의 길을 걷게 되었다.

「채근담(菜根譚)」에 '쾌의회두'(快意回頭)란 말이 있다.

은리(恩裡)에 유래생해(由來生害)라

고(故)로 쾌의시(快意時)에 수조회두(須早回頭)하라.

패후(敗後)에 혹반성공(或反成功)이라

고(故)로 불심처(拂心處)에 막편방수(莫便放手)하라.

총애를 받을 때, 불행이 싹튼다.

그러므로 만족할 때, 빨리 머리를 돌려야 한다.

실패한 후에는 필연코 성공할 기회가 있다.

뜻대로 되지 않는다 해서 바로 손을 떼지는 말라.

현란하게 피는 꽃도 한철이요, 폭풍뇌우도 한때라는 생각을 갖고, 앞을 바라볼 수 있는 삶의 태도를 기른다면, 좌절 속에서 재기할 수 있고, 낙오되는 비극 속에 빠지지도 않을 것이다.

틈새시장(활동영역)을 노려라

첫 번째는 성공담이고, 두 번째는 실패담이다.

성공담은 대학 재학시절에 이루어졌다. '나도 시간 여유만 있었더라면, 남들처럼 사법고시 또는 행정고시를 볼 수 있을 텐데…' 라고 생각해 본 적이 많았다. 그래서 시간을 그다지 투자하지 않으면서 취득해 놓으면 나중에 긴히 쓰일 '틈새 자격증'에는 어떤 것이 있는지 탐색해 본 결과, 그 당시 여건으로는 '보통고시'가 가장 적합하다는 걸 알게 되었다.

그때에는 보통고시에 합격하면 4급 공무원에 임용이 되었다. 행정고시 3급 바로 아래 급수이면서 노력하여 승급이 계속되면 거의 전자와 마찬가지 서열에 오를 수 있겠다는 생각이 들었다.

그래서 대학생활을 하면서 틈틈이 보통고시 시험 준비를 했는데, 시험과목이 그리 어렵지 않고, 특히 기본과목인 경제원론은 대학 재학생(경제학과 재학)의 경우 학점을 취득해 놓으면 시험이 면제되기 때문에 시간절약에 매우 유리했다.

대학 졸업을 앞두고 보통고시에 응시한 결과 합격이 되었다. 참으로 기뻤다. 졸업 후에는 외자청(外資廳) 채용시험을 치루었는데 보통고시 합격증의 위력이 컸던지 거뜬히 합격되어서 청장비서실 근무발령을 받았다. 하지만 은행의 입사시험에도 동시에 합격되어서 그쪽은 포기하고 은행을 선택하게 되었다.

실패담은 이 보다 거슬러 올라간다. 육군본부 G-1 근무 때 일인데, 육군현역 통역사병요원(군대 주특기〈MOS 917〉 '통역사병' 요원)을 대상으로 해외유학생(대학 재학 중 입대자에 한정) 선발시험이 실시되었는데, 나의 주특기가 여기에 해당되기 때문에 기대심을 가지고 준비에 들어갔다. 구비서류는 재학 중인 대학교에서 영어원강(英語原講) 과목을 이수한 사람으로서 영어 담당교수의 추천서와 재학 증명서 및 성적 증명서를 함께 제출해야 했다.

나는 돈암동에 사시는 Y교수님(영어원강 담당교수님)을 찾아뵙고 전후 사정을 말씀 드렸더니 바로 추천서를 자필로 쓰시고 서명해 주셨다. 정말 감사했다. 모든 구비서류를 마련해서 육군본부에 제출하고 초조한 마음으로 기다리고 있었는데, 얼마 후에 서류전형에 합격되었다는 통지를 받았다.

다음은 미국 대학 관계 인사와의 직접 인터뷰가 남아 있었는데, 영외로 나가서 회화준비를 할 수도 없는 상황이어서 시간만 기다리다가 지정한 날짜에 면담을 하게 되었다. 말하자면 준비 없는 시험이었던 셈이다. 결과는 불합격 통보였다. 여기서 '완벽한 준비 없이는 절대로 성공도 없다' 라는 교훈을 얻게 되었다.

이듬해 제대와 동시에 대학에 복학한 나는 첫 번째 학기 성적에서 'all A학점' 을 받게 되었다. 그 당시 K대 장학금제도에는 전교의 각 학과별로 1명씩 모두 18명에게 특대생 장학금(등록금 전액 면제) 지급이라는 제도가 있었는데 내가 경제학과 전체(1~4학년)에서 수석을 하게 되어 여기에 선발되는 영광을 얻게 된 것이다.

이것은 바로 두 번째 실패 경험을 반면교사로 삼아 반추하면서 학업을 열심히 수행한 결과라고 지금도 생각하고 있다.

차별성 있는 경쟁력을 적립하라

아랍어 학습 사례

우리나라는 1962년부터 경제개발 5개년계획을 순차적으로 수립 추진하였는데, 1973년과 74년은 석유파동으로 한국경제가 사상 최대의 위기에 직면한 시기이다. 석유가격이 일시에 4배나 오른 것이다.

이때 정부는 외화조달 수단으로 건설업의 중동진출을 적극적으로 추진하였다. 그 결과 해외건설공사 용역대금의 수입으로 외화수입 확보에 크게 기여하게 되었는데, 연간 30억 달러 이상을 중동지역 해외 건설공사 용역대금이 차지하게 되었다.

이 당시 각 시중은행에서는 중동 진출 한국계 건설 회사의 건설용역 수주공사 이행에 대해서 현지정부 앞으로 이행보증서(Performance Bond/ P-bond) 및 건설관련 각종 L/G(지급보증서; letter of guarantee)를 발급해 주면서 공사수행 지원을 해 주었는데, 이 업무를 현지에서 신속하게 지원할 목적으로 각 은행들이 주재원을 앞다투어 파견하게 되었다. 그 가운데서 내가 근무하던 한일은행이 맨 먼저 주재원 발령을 냈는데 그 1호 주재원이 바로 나로 결정된 것이다.

그때, 은행에서는 외환업무 경력 보유자, 차장급 관리자, 해외공사 지급보증 담당 경력자, 해외파견연수 경력 소유자 등 몇 가지 선발조건을 가지고 심사한 결과 내가 그 조건에 빠짐없이 충족되어 첫 중동 주재원(사우디아라비아 젯다)으로 발령을 낸 것이다. 1975년 초에 발령을 받았다.

나는 출국 준비기간(6개월)에 정보수집이 중요하다고 판단하고, 현지 젯다의 KOTRA 주재원 및 씨티은행 젯다 지점 등을 통해서 현지 정보를 부탁했다. 얼마 후, 자료가 도착했는데 다음과 같은 정보를 요약할 수 있었다.

- 아랍어 기초를 터득하고 올 것, 특히 일상회화를 준비할 것.
- 이슬람 교리를 기본적으로 이해하고 올 것.

- 수퍼마켓은 식료품 물가가 매우 비싸니 현지 재래시장(수끄, Souq)을 활용하는 것이 좋음.
- 학교제도가 미비하므로 적령 아동은 동반을 자제할 것.
- 교통사정이 매우 열악함.
- 생활환경이 매우 열악함.

이 정보들은 9년 후 내가 바레인 지점장 발령을 받고 사전 준비를 할 때에도 아주 긴요하게 도움이 되었다.

우선 출국준비를 하는 6개월 동안 아랍어 학습을 하기로 결심하였다. 왜냐하면 이슬람 문화에 가까이 다가갈 수 있는 최적의 준비를 위해서 필요하다고 생각했기 때문이다. 나는 아랍어 특별과외 학습을 계획했지만 그 당시 서울에는 아랍어 어학원이 없었다.

하지만 수소문을 해서 알아본 결과, 마침 외국어대학 대학원생(아랍어 전공)이 있는데, 가능하다는 답변이 왔다. 시간제 학습도 가능하다고 해서 월요일부터 금요일까지 매일 오후 6시부터 9시까지 5개월 간 우리 집(수유동)을 학습장소로 정하고 실행에 옮겼다.

나는 퇴근 즉시 귀가해서 아랍어를 학습했다. 그 다음은 사우디아라비아의 현지 금융기관 현황, 금융정책, 경제현황, 대외관계, 종교분야 등 관심거리를 파고들었다.

그 결과 사우디아라비아의 산업구조가 매우 취약하다는 사실과 석유생산을 제외하고는 별다른 산업 발전이 없어서 후진성을 면치 못한다는 것을 한눈에 알 수 있었다. 그런데 금융산업은 체계적으로 잘 운영되고 있고, 대외거래는 내셔널 컴머셜 은행(NCB: National Commercial Bank)이 가장 활발했다. NCB는 사우디아라비아의 최대 상업도시 젯다 (Jeddah)에 본점이 있고 대외거래는 국제본부에서 전담하고 있다는 것을 알 수 있었다.

이와 같이 철저한 준비 후 1975년 8월에 현지에 부임하였다.

수끄의 푸줏간 이야기

중동생활은 말 그대로 고난의 험로였다. 낮에는 기온이 섭씨 40도가 넘었고, 실내는 에어컨이 쉴 새 없이 돌아가는 상황이었지만 주말이(일요일, 토요일 휴무이고, 금요일이 주말이다) 기다려졌다. 아내와 젯다 토속시장(수끄)에 1주일 동안 먹을 찬거리 및 야채 등을 사러 가는 즐거움 때문이었다.

우리는 현지 유럽계 주재원들처럼 젯다에 있는 슈퍼마켓에 가지 않고 '수끄'로 향하였다. 그곳은 슈퍼마켓과 물건 값이 대략 2갑절이나 차이가 나기 때문이다. 외국식 슈퍼마켓은 주로 유럽 수입품으로 꽉 차 있는데, 그 당시 유럽은 중동석유를 수입했지만, 대 중동수출품은 비싸게 가격을 매겨서 유가 부담폭을 메웠기 때문이다.

젯다에 정착하고 나서 처음 수끄에 들어섰을 때 일어난 일이다. 그곳은 우리의 시장 모습과 거의 다를 바 없어 보였다. 쇠고기를 진열해 놓고 손님을 맞이하는 푸줏간이 제일 먼저 눈에 들어왔다.

"아흘란 와 싸흘란"(어서 오세요.)라고 하기에, "앗쌀라무 알라이쿰"(안녕하십니까?)라고 대답을 했다.

점원이 놀라는 기색이 역력했다. 동양인 남녀가 나타나서 자기들 언어로 인사를 하는 것이 신기한 모양이었다. 나는 서툴지만 분명한 의사표시로 쇠고기를 구입하고, 값을 리알(현지 화폐)로 지불했다.

그런데 사방에서 상인들이 몰려와서 쇠고기를 구입하는 광경을 구경하는 게 아닌가! 동양인이 나타나서 자기 나라말을 하고, 또 옆에 있는 여자는 히잡으로 얼굴을 가리지도 않고 나안(裸顏)으로 있었으니 신기할 만도 했었을 것이다.

"나흐누 민 쿠리야, 슈크란!"(우리는 한국에서 왔습니다. 감사합니다.)라고 인사를 했다.

이쯤 되니 주변에 모였던 사람들의 얼굴에는 환영의 빛이 역력해지면서 환대하는 게 아닌가! 간단한 아랍어로 말을 이어 갔다.

그때 푸줏간 뒤편 위 벽 쪽에 쇠꼬리를 걸어놓은 것이 보였다.

"할 타비으 하다?"(〈쇠꼬리를 가리키며〉 저것을 팝니까?)라고 물었더니, "리마다?(왜 그러느냐?)고 물었다. "아나 우리두 안 아슈타리후"(내가 그걸 사가고 싶다.)라고 했다.

그는 그걸 조금 전에 구입한 쇠고기와 함께 싸 주었다. 계산을 하려고 "비캄?"(얼마냐?)이라고 물으니, "마피 풀루스"(그냥 가져가세요.)라고 하는 게 아니가!

"슈크란"(고맙다.)이라 인사를 하고 나왔다.

이 수끄에서는 쇠꼬리는 부산물이기 때문에 단골손님에게는 돈을 받지 않는 관행이 있다고 한다.

그 주말에는 집에서 쇠고기 꼬리곰탕을 만들어서 맛있게 식사를 했다. '현지화 접근이 이렇게 좋은 때도 있구나' 하고 찬탄을 금하지 못했다. 그 후 주말이면 언제나 그 푸줏간을 먼저 들러서 쇠고기와 쇠꼬리를 함께 사오는 걸 잊지 않았다.

이와 같이 어려운 여건이었지만 이를 극복할 수 있었던 것은 현지 언어를 사전에 학습했고, 출국 준비 중에 수집한 현지정보("생활환경이 정말 열악하다") 덕분이었다.

그리고 실제로 현지의 어려움을 알 수 있는 사건이 몇 가지 더 있다. 하나는 어떤 주재원은 현지 악조건을 극복하지 못하고 중도에 귀국한 사례가 있고, 또 다른 하나는 끝까지 임무를 완수하려고 버티다가 임무 완수 직후에 발병으로 인하여 귀국 비행기에 들것에 실려서 돌아온 사례도 있었다.

이와 같이 어려움을 미리 마음속에 단단히 각오하면서 항상 준비하는 일이 얼마나 중요한지를 알 수가 있다.

「채근담(菜根譚)」에 '등산답설'(登山踏雪)이란 말이 있다. 새겨두면 그러한 험로를 극복하는데 정신적 대들보가 될 수도 있다고 본다.

어(語)에 운(云)하되
'등산내측로(登山耐側路)하고 답설내위교(踏雪耐危橋)'라' 하니
일내자(一耐字)는 극유의미(極有意味)라.

여경험지인정(如傾險之人情)과 감가지세도(坎坷之世道)에
약부득일내자(若不得一耐字)하여 탱지과거(撐持過去)면

기하불타입진망갱참재(幾何不墮入榛莽坑塹哉)리오?

옛말에 이르기를 '산에 오르거든 험한 비탈길을 견디고,

눈을 밟거든 위험한 다리를 건너는 것을 견디라' 고 하였는데,

이 견딜 내(耐) 한 글자는 깊은 뜻을 지니고 있다.

만약 비뚤어지고 험한 인정과 고르지 못한 이 세상길에서

견딜 내(耐) 한 자를 얻어 붙잡고 지나가지 않는다면,

어찌 가시덤불과 구렁텅이에 빠지지 않을 수 있겠는가?

인생을 비유하여 일엽편주(一葉片舟)에 몸을 싣고 망망대해를 저어 가는 항해라고 했다. 때로는 거센 파도와 싸워야 하고 때로는 태풍과 폭우를 견디어 내야 한다. 그런 역경을 만나지 않는 인생은 거의 없다고 해도 과언이 아니다.

요점은 그 역경을 당하였을 때 얼마나 버티면서 견디어 내느냐가 그 인생을 성공적으로 사느냐, 아니면 좌절의 나락으로 떨어지느냐를 좌우한다. 인내는 그 사람의 삶을 행복으로 인도해 주는 예인선(曳引船)과도 같다.

이러한 위태롭고 험한 인심과 어지러운 세상을 슬기롭게 헤쳐 나가려면 무엇보다 인내가 필요하다. 그렇지 못한 경우 이내 가시밭길인 진망(榛莽)과 구렁텅이인 갱참(坑塹)에 빠지게 된다는 뜻이다.

다시 요약하면, 현란하게 피는 꽃도 한철이요, 폭풍뇌우도 한때라는

생각을 갖고, 앞을 바라볼 수 있는 삶의 태도를 기른다면, 좌절 속에서도 재기할 수 있고, 낙오되는 비극 속에 빠지지도 않을 것이다.

긍정적인 사고를 하라 – 자신감을 가지는 일

긍정적 · 적극적 사고 습관 – 부정적 · 소극적 사고는 금물이다

유대인들이 성경 다음으로 중요하게 생각하는 구전집(口傳集)으로 5000여년 동안 전래되어 오면서 '구전성경' 격으로 인생 계율 지침서로 여기는 「탈무드」에 다음과 같은 말이 있다.

내일의 일을 미리 걱정하지 말라. 너의 앞날에 무슨 일이 일어날지는 아무도 모른다. 내일은 돌아오지만 너는 영원히 살 수 없으니, 네가 속하지 않는 세상을 위해 걱정하라.

'길은 반드시 열린다' 라고 생각하는 습관은 바로 이 같은 사상에서 싹이 텄다고 생각한다.

'새총' 적중이 '긍정심리'를 강화하는 사례

2014년 3월 모 방송사의 아침방송인 '모닝와이드' 에서 방영된 내용이다.

50대 남성이 새총(Y형 손잡이 고무줄 총)으로 10m, 20m에 있는 목표물인

키 높이 나무 위에 올려놓은 달걀, 메추리 알, 고무풍선 등을 거뜬히 맞추어 파괴시키는 장면이 방영되었다. 놀라운 능력에 감탄이 절로 나왔다. 어떻게 저렇게 맞출 수 있는가? 아마 그 장면을 바라보던 시청자라면 누구나 의아심을 나타냈을 것이다.

그런데 주인공의 사연은 뜻밖이었다. 그가 10년 전 '우울증'으로 고생하던 중, 어떤 의사(심리학자 또는 정신의학자)의 권유로 '새총 맞추기' 연습을 시작했다고 한다. 그런데 연습을 거듭할수록 적중률이 높아졌고, 10년이 지난 오늘날 이처럼 거의 백발백중, 자신 있게 맞출 수 있게 되었다고 한다.

그 뿐만이 아니다. 그 동안 정신집중 훈련으로 그 '우울증' 증세도 씻은 듯이 사라졌다고 말하는 것이 아닌가?

마침 이 방송에 해설자로 나온 한 정신의학 의사는 다음과 같은 설명을 덧붙였다. "나는 할 수 있다. 맞출 수 있다. 적중할 자신 있다"라는 신념이 정착되어 있으면 자신감이 생기고 그 자신감은 다시 '긍정심리'를 자극하게 되며 아울러 스트레스까지도 불식케 함으로써 목표물 적중은 물론 우울증도 사라지게 된 것이라는 설명을 듣고서야 이 상황을 이해할 수 있었다.

그렇다. '긍정적 사고'는 성공으로 이끄는 첫 단계인 것이다.

바자말 NCB 은행 국제본부장과의 인연
– 'Agency Arrangements 계약' 체결 성공
나의 사우디아라비아 주재 목적의 하나는 현지 진출 한국 건설 회사들의 건설용역 및 해외은행 거래를 원활하게 돕고 그에 수반되는 은행 수익원을 개발하는 데 있었다. 그러기 위해서는 현지 최대 상업은행인 내셔날 컴머셜 은행(NCB: The National Commercial Bank)과 'Agency Arrangements' 계약을 체결하는 일이 급선무였다.

Agency Arrangements는 국제은행 간 외환관련 거래를 위해 상호 간 맺는 계약으로, 외국과의 수출입 무역거래, 자본거래 등에 있어서 상대 은행 간 거래 고객의 편의를 도모하여 국제거래가 원활히 수행되게 하는 기본외환거래 약정계약이다.

나는 1975년 8월에 젯다 부임 즉시 NCB와 접촉을 시작해서 1개월이 지난 9월 중순에 마침내 NCB 은행과 한일은행 간에 'Agency Arrangements' 계약을 체결하는 데 성공하였다. 중동 진출 후, 첫 번째 결실이었다.

자세한 경위와 내용은 차차 이야기하기로 하고 여기서는 한 가지 '꿈'이 이루어지게 되었다는 사실만을 알리고자 한다.

바레인 현지은행 경영에서 흑자경영 실현
- CBB의 친절한 업무협조

1984년 또다시 중동에 나가게 되었다. 이번에는 바레인 지점장으로 부임하게 된 것이었다. 그 해 8월에 한일은행 바레인 지점장에 부임하고 보니, 160여 개의 해외은행들이 이 작은 섬나라에 진입하여 OBU 은행영업을 하고 있었다. 그야말로 치열한 경쟁 속에서 이를 뚫고 수익 점포로 비상하려는 내 목표가 조금 걱정이 되었다.

먼저 현지 은행감독 당국의 컨트롤 속에서 불이익은 막고 영업환경을 소신대로 이끌어 갈 수 있도록 지원책을 확보해야 한다는 생각으로 사우디아라비아 시절의 체험을 살려서 역경을 뚫고 나가 보기로 했다.

OBU 시스템은 Offshore Banking Unit로서, 역외금융을 전업으로 하는 은행업을 말하는데 모든 현지 은행영업을 독자적으로 할 수 있고, 현지 은행거래에서 면세되는 부분이 많아서 거래량만 확보되면 수익원 확보는 그리 어렵지 않을 것 같았다.

우선 바레인 중앙은행(Bahrain Monetary Agency: BMA / 현재는 Central Bank of Bahrain: CBB로 개칭됨)의 은행감독국장 압둘 라만(Abdul Rahman Ahmed Al Wazzan)을 매주 수요일에 만나는 것을 과제로 삼은 것은, 사우디아라비아 NCB 사례의 전례를 밟기로 계획했기 때문이다.

그는 영국 옥스퍼드대학 출신으로 신사답게 정중하고 품위 있는 인상을 가지고 있었으며, 나를 보면 언제나 자리에서 먼저 일어나 맞이해 주었다. 우리는 만나면 주간의 한국 – 바레인 양국의 각 금융경제현황을 토의하면서 중동석유시장의 전망에 대해서도 의견을 교환하곤 했다.

이와 같은 분위기 속에서 3년 재임 기간에 바레인 지점을 적자경영에서 흑자경영 점포로 획기적인 발전을 가져오게 된 것은 또 하나의 성공 일화이다.

부정적 사고와 어두운 사고를 멀리하는 습관

인생을 살다보면, 긍정적 사고를 가까이 하고 밝게 사고하는 것이 얼마나 소중한가를 깨달을 수 있다. 따라서 이는 부정적 사고와 어두운 사고를 멀리하는 습관을 가지라는 것과 일맥상통한다. 말하자면 후자는 전자의 반면교사 격(格)이다.

우울하고 어두운 사람은 타인에게도 호감을 받지 못한다. 밝고 쾌활한 사람 주변에는 사람들이 모이게 돼 있다. 한평생 어두운 얼굴을 하고 탄식하며 부정적으로 사고하면서 매사를 어두운 쪽으로만 생각하고 반추하면서 살아간다고 가정해 보라. 얼마나 답답하고 숨 막히는 삶이겠는가?

들에 핀 꽃들도 자세히 들여다보면 햇살이 비치는 쪽을 향해 핀다. 그 뿐만 아니다. 꽃을 실내 화분에 꽂아도 빛이 들어오는 쪽을 향해 방향을 바꾸어 피는 사실을 흔히 보게 된다. 물론 이는 꽃의 향일성(向日性) 때문이지만… 감정이 없는 식물까지도 이처럼 밝은 쪽을 좋아하는 것이다. 그런데 하물며 감정을 가진 인간이라면 누구든지 '음'(陰)보다 '양'(陽)을 좋아하는 것은 당연한 일이 아니겠는가?

우리에게는 자신도 모르게 몸에 배어 있는 '사고방식의 버릇'이 있다. 그 '버릇'을 과감하게 컨트롤해서 긍정적 사고, 밝은 사고, 즐거운 사고로 전환하도록 습관을 바꾸어 가져야 한다. 어떤 일에 직면했을 때, '부정적 사고방식'으로 몰고 가는 버릇을 지닌 사람이 있다. 또 한편 이와는 반대로 적극적이고 '밝은 사고방식'을 지닌 사람도 있다.

화두를 바꾸어 직장인의 경우를 상상해 보자.

지금 어떤 정책추진 결정 안건을 놓고 간부회의가 진행 중이라고 가정하자. 그리고 그 기관(혹은 회사) 전체의 존망이 달려 있는 아주 중요한 테제(These)라 하자.

어느 부장이 적극적으로 내용을 검토하고 "회사 발전을 위해 꼭 필요하므로 총력을 다해 추진함이 마땅하다. 그리고 몇 가지 미비점은 이러이러하게 보완하면 된다"라고 의견을 피력했다고 하자.

그런데 다른 부장이 미비점을 앞머리에 부각시켜서 "지금 우리 회사가 어려운 처지에 놓여 있는데 이러한 미비점이 있는 사안을 추진하면 이러이러한 더 큰 문제점이 있으니 반대한다"라고 의견을 피력했다면 과연 어떻겠는가?

이와 같은 분위기 속에서 간부회의를 주재하던 사장은 과연 누구 손을 들어주겠는가? 조직이 생존하면서 발전하려면 끊임없이 정책을 발굴 – 연구하고 노력하면서 전진해야 할 필요가 있는데, 이번 사안에 대해 적극적 추진의사를 가진 첫 번째 부장에게 무게를 둘 것이 명확하다. 반면에 애초부터 부정적 사고로 반대를 위한 반대 주장을 하는 두 번째 부장에 대해서는 섭섭함과 함께 실망감을 느끼게 될 것이다. 경우에 따라서는 다음 번 부장회의부터는 아예 그 부장은 참석하지도 말라고 호통이 떨어질 수도 있다.

어차피 한 번뿐인 인생이라면 '밝은 사고방식, 적극적 – 긍정적 사고방식'을 습관화 하여 멋진 인생을 살아가야 한다고 생각한다.

위기를 기회로 바꾸는 습관

비즈니스를 할 때, 생각한 대로 업적이 오르지 않고 부진한 상태에 빠지게 되면 누구든지 초조해지기 마련이다. 자신은 계속 부진을 면치 못하고 있는데 라이벌은 순풍을 맞은 돛단배처럼 상승일로를 달리고 있다고 가정하자. 그렇게 되면 더더욱 초조해져서 발버둥을 치게 되는 악순환에 빠지게 된다.

다음은 위기를 기회로 멋있게 활용한 실화이다.

2013년 11월 박근혜 대통령이 영국 국빈방문 마지막 날 런던 시장이 초청한 만찬행사장에서 돌발 상황을 맞았다. 박 대통령은 머쓱할 수 있는 그 상황에서 재치 있는 말솜씨를 발휘해 주변 사람들의 웃음을 자아냈다.

돌발 상황은 박 대통령이 탄 의전차가 행사장인 런던 시청 길드홀에 도착하자마자 벌어졌다. 파란색 한복을 차려 입은 박근혜 대통령이 차에서 내리면서 그만 넘어지고 만 것이다. 한복의 긴 치마에 발이 걸려서 생긴 일이다. 그 상황을 지켜본 로저 기포드 런던 시장은 당황한 기색이 역력했다. 박 대통령이 넘어지자 주변에 있던 사람들이 몰려들었다. 이때 일어나면서 박 대통령이 한마디를 건넸다. 바로 "드라마틱 엔트리(Dramatic Entry) – 극적인 입장이네요"라는 말이다.

재치 있고 의연하게 대처한 박 대통령은 공식 만찬 행사 역시 성공적으로 마쳤다. 만찬이 끝나고 나갈 때 박 대통령은 또 한마디를 했다. "콰이어트 엑시트(Quiet Exit) – 퇴장할 때는 조용히"라는 말이다. 그 한마디에 주변은 말 그대로 '빵' 웃음이 터졌다.

인간의 역사를 뒤돌아보면 전쟁이나 천재지변 등의 난국에 직면했을 때마다 새로운 지혜로 그 어려움을 기회로 발전시킨 예가 많다. 위기를 기회로 바꾸려는 마음가짐과 그런 습관이 요구된다.

의욕이나 자신감은 그 사람의 표현에서도 읽을 수 있을 뿐만 아니라 행동에서도 표출되고 있다. 즉, 의욕이나 자신감은 그 사람의 모든 것을 지배한다고 볼 수 있다.

인생의 여유를 가지는 습관

「탈무드」에 '세 가지 충고'(3 禁言)가 있다.

자신이 한 일을 후회하지 말라.
주변에서 당신에게 불가능한 일이라고 하는 것을 믿지 말라.
당신이 오르지 못할 나무는 오르려고 힘을 낭비하지 말라.

'인간지사 새옹지마'(人間之事 塞翁之馬)라는 고사성어(故事成語)와 의미가 상통하는 말이다. 이 고사성어는 우리가 이미 다 아는 내용이다. 하지만 여기서 다시 한 번 '새옹지마'의 의미를 되새겨 보는 것도 좋을 것 같다.

옛날 중국에 늙은 아버지(새옹)가 몹시도 애지중지하며 기르던 말 한 마리가 있었다. 그런데 어느 날 갑자기 그 말이 자취를 감추고 말았다. 마을 사람들이 이를 딱하게 여기며 새옹을 위로하자 새옹은 "할 수 없지 않소. 아마 다시 좋은 일이 생길 테지" 하며 태연한 얼굴을 하였다.

그런데 며칠 후 새옹의 말이 돌아왔는데 혼자가 아니라 훌륭한 준마를 이끌고 온 것이 아닌가. "준마를 이끌고 돌아오다니 일거양득이네요. 참 다행이에요." 하며 마을 사람들은 즐거워했다. 그러나 새옹은 "기뻐할 수만은 없소. 또다시 무슨 일이 일어날지 모르니까." 하며 마을 사람들에게 별로 좋은 기색을 보이지 않았다.

며칠 후 새옹의 아들이 그 준마를 타다가 떨어져서 다리뼈를 부러뜨리고 말았다. 이번에도 마을 사람들은 "큰 변을 당하셨으니 얼마나 마음이 편치 않으시겠어요?"라고 새옹을 위로하였다. 그래도 새옹은 "할 수 없지요. 다음 번에는 반드시 좋은 일이 생길 테지요." 하며 태평하게 말하였다.

얼마 되지 않아 전쟁이 일어났다. 마을 청년들은 모두 징병을 당하고 거의 다 전사하였지만 새옹의 아들은 다리를 다친 덕분에 징병을 면하여 그 위기를 모면하였다.

이와 같이 우리의 인생살이에서 직면하는 사건 만으로는 무엇이 진정한 행복인지 알 수 없는 것이다. 일시적으로 나쁜 것 같이 보인다 하여 당황해 하거나 크게 근심할 필요는 없다. 그 괴로움이 잠시 계속될지라도 언젠가는 반드시 목표를 달성할 수 있다는 교훈이다.

'재난 속에는 행복의 싹이 숨어 있다' 라는 말이 있듯이, 일시적인 고

통에 억눌리지 말고 '좋아질 것이다. 다시 행복의 싹이 트기 시작할 것이다' 라고 확신하는 것이 중요하다는 것을 가르치는 말이다. 고난을 극복해야 비로소 진정한 행복을 얻을 수 있기 때문이다.

우리들 인생살이는 좋은 일이 있으면 나쁜 일도 있고, 나쁜 일이 있으면 분명 좋은 일도 있다. 그러므로 일시적으로 나쁜 것처럼 생각되는 일이 발생하였다 해서 당황하거나 너무 괴로워하는 등 일희일비(一喜一悲)하지 말아야 한다.

우리들은 어려운 일이 닥쳐오면 쉽게 낙심하거나 비관하게 된다. 그것은 인간인 이상 피할 수 없는 일이다. 그러나 이럴 때일수록 '인간지사 새옹지마' 라는 심정으로 때를 기다리는 것도 좋은 방법이 될 것이다.

가능한 일부터 시작하라

당면한 일에 전념하는 습관

일이든 놀이든 공부든 거기에 몰두해야만 진정한 즐거움을 느낄 수 있다. 또한 자신이 그 분야에서 최고가 되리라는 확신이 있다면 더욱 신나게 그 일에 전념하게 될 것이다.

이 교훈은 옛날뿐만 아니라 현대를 살아가는 모든 사람들에게 적용되는 말이기도 하다. 처음 한동안은 서툴겠지만 그것에 계속해서 몰두하면 몰두할수록 점차 숙달되기 마련이다. 나아가서 이 말은 흥미, 관심, 의욕 따위는 그 일에 몰두하였을 때에 자연스럽게 솟아 나오는 것이지, 그 일에 몰두하기 전부터 느끼는 것은 절대 아니라는 의미가 함축되어 있다.

공부도 그러하다. 공부에 몰두하여 집중하고 열중하는 사이에 점차 재미가 붙게 된다.

내가 대학 1학년 시절에 어느 고등학생의 영어와 수학 과외를 맡아 아르바이트를 한 일이 있었다. 학비도 벌고 시간도 확보할 수 있는 가장 손쉬운 방법이었기 때문에 주로 나는 과외로 학비조달을 하는 길을 택했던 것이다.

그런데 그 당시 국내에서 유명한 K고등학교 1학년생인 이 학생은 처음 몇 달은 학교 성적이 당초 하위권에서 학기말에는 중위권으로 상향곡선을 그으며 올라가 나는 부모님의 환대를 받았다. 그런데 이 학생은 자기 스스로 공부에 열중하지 않고 과외선생의 요점정리만 습득하고는, 영화관에 가서 개봉영화를 보고 오는 게 아닌가! 말하자면 공부와 오락 재미를 동시에 섭렵하는(마치 어른처럼) 행태를 가진 것이다. 과외시간 중 잠시 휴식시간에도 영어단어를 외우는 게 아니라, '마릴린 먼로', '데브라카', '오드리 헵번', '진 시몬스' … 등 당시 유명 영화배우 이름만 외면서 영화관람 팸플릿을 들여다보는 게 일이었다. 그 후 결국 나는 과외처를 다른 곳으로 옮기고 말았다.

일도 이와 마찬가지이다. 자기가 하는 일에 열중하면 열중할수록 흥미로워진다. 그 일을 하기 전부터 흥미를 느끼는 게 아니라 열심히 그 일에 몰두함으로써 흥미를 점차 느끼게 되는 것이다. 거기에 더하여 만약 자기가 그 분야에서 최고가 되겠다는 확신이 있다면 그 흥미는 극에 달할 것이다.

그런데 현재 우리들은 이러한 열망과 흥미가 부족한 것 같다. 모두 대학진학을 하니, 이렇다 할 궁극적 목표도 없이 (세우지 못한 채) 그저 대학을 지망한다는 풍조를 따르는 형태인 것이다.

취직이 되어 회사에 다니는 사람도 마찬가지이다. 일을 하지 않으면 살아갈 수 없기 때문에 회사에 다니고, 그러나 자기가 하는 일에 아무런 흥미도 느끼지 못하며, 마지못해 일을 하는 사람들이 우리 주변에도 많은 것을 알 수 있다. 그것이 바로 문제인 것이다.

일이든 공부든 자신이 거기에 몰두하고 집중해야만 진정한 즐거움을 느낄 수 있는 법이다. 그래야만 일의 성과도 오르고 능률도 오르게 된다.

일처리와 심리보상의 연결 습관

현재 하고 있는 일을 다 끝마치고 났을 때의 후련한 기분을 상상해 보라. 이 골치 아픈 일이 해결되는 대로 어떤 것이든 즐거운 '보상'을 준비해 두라. 훨씬 산뜻하게 일을 추진해 갈 수 있을 것이다.

일을 능률적으로 처리하기 위해서는 무엇보다 잡무와 중요한 업무를 구별하는 것이 좋다. 그리고 중요한 업무를 처리할 때는 잡무로 인해 시간을 빼앗기지 않도록 최대한 집중적으로 처리하는 것이 바람직하다.

공부나 일을 좀 더 즐거운 기분으로, 또한 좀 더 효율적으로 이루어

내는 방법은 없는 것인가?

여기에 하나의 방법이 있다. '일'을 예로 들어 보자.

우선 지금 하고 있는 일을 다 끝마치고 났을 때의 기분을 상상해 보라. "이 골치 아픈 일이 해결되면 휴가를 얻어 가족과 함께 여행을 가야지!"라는 식의 즐거운 '보상' 을 준비해 두는 것이다.

그 '보상'을 무엇으로 할 것인지는 사람에 따라, 상황에 따라 각각 다를 것이다. 그러나 '보상'은 현실성이 있는 것이어야 한다는 전제가 동반되어야만 한다. 인간은 누구나 보상심리를 가지고 있기 때문이다.

이와 같이 즐거운 보상이 기다리고 있다면 누구나 가능한 한 빨리 거기에 도달하고 싶어질 것이다. 그리고 어떻게 하면 능률적으로 일이 진행될 수 있을까 하고 여러 가지로 연구도 하고 노력도 하게 될 것이다.

바로 그 시점에서 일을 보다 효율적으로 처리하기 위한 포인트를 생각해 보는 것이다.

우선 잡무와 중요 일과를 구별해야 한다. 그러나 막상 일을 시작하려고 해도 복사를 한다거나 전화를 받는다거나 하는 등 잡다한 업무에 시간을 빼앗기게 된다. 이런 잡다한 업무에 휘말리게 되면 능률이 오를 리 만무하다.

그러므로 긴급하고도 중요한 일을 최우선으로 하고 그 순서에 따라 행동을 하도록 구별해 두는 게 좋다. 이것은 경우에 따라서는 어렵다고 느껴질 수도 있지만 사실은 간단하다. 일의 중요도에 따라 실행하기만 하여도 업무능률은 몇 갑절 향상될 것이다. 중요한 안건을 처리할 때는 최대한 그 일에만 집중하는 것이 능률적인 업무처리 방법이라

할 수 있다.

또한 완급(緩急)을 가려서 일을 처리하는 습관도 필요하다. 급한 일을 제쳐 두고 천천히 해도 되는 일을 먼저 처리하느라 시간을 빼앗기는 우를 범하지 말아야 한다는 점을 명심해야 완급조절과 업무능률이 향상된다.

아이디어를 메모하는 습관

때와 장소를 불문하고 떠오르는 아이디어는 어떠한 형태로든 보존해 둘 필요가 있다. 그러기 위해서는 언제나 펜과 종이를 휴대하는 것이 좋다.

자신의 아이디어 수첩을 평상시 자주 펼쳐 보라. 그리고 마음에 새겨 두라. 그러는 사이에 그 아이디어들이 자신도 모르게 실현되어 간다는 것을 느끼게 될 것이다. 그것이 잠재의식의 작용이다.

아이디어는 언제, 어디서나 떠오를 수 있다. 그러나 그것이 언제까지나 머릿속에 남아 있으리라는 보장은 없다. 또한 필요할 때 언제라도 끄집어 낼 수 있는 것도 아니다.

따라서 언제나 펜만은 항상 몸에서 떠나지 않게 지니고 있을 필요가 있다. 메모 용지가 없어도 달리 방법은 있다. 몸을 뒤져 보면 반드시 필기 대용물이 있을 수 있기 때문이다. 카드매출 영수증이라든가, 명함이라든가 기타 이면에 메모만 하면 되는 용지를 몸에 지니면 되기 때문이다.

그리고 아이디어가 떠오르면 즉시 다른 일을 제쳐 놓고 메모를 해 두는 습관이 중요하다. 그리고 그 메모 자료들은 그날 중으로 지정해 둔 노트에 옮겨 기록하면 된다. 이 노트가 바로 자신의 '아이디어 수첩'이 되는 셈이다.

종이에 기록한다는 것은, 다시 말해서 자신의 생각을 메모지에 기록한다는 것은 자신의 '마음 위'에도 그것을 기록하고 있는 것과 다름이 없다. 마음에 기록한 것, 즉 그것은 마음에 새겨진 것이므로 그것을 잘 기억할 수 있을 뿐만 아니라 지나가듯 들은 경우보다도 훨씬 오랫동안, 그리고 정확하게 기억될 것이다.

'개미구멍이 뚝(제방)을 무너뜨린다'는 속담이 있다. 이는 아무리 사소한 것일지라도 소홀하게 여겨서는 안 된다는 교훈이 담겨 있는 것이다. 예컨대 평상시 대수롭지 않게 떠 오른 것, 다시 말해서 별안간 번개같이 스치며 머릿속에 퍼뜩 떠오르는 아이디어가 그러하다.

어쩌다가 떠오른 아이디어임에도 불구하고 그것을 자기의 것으로 붙잡아 두지 않고 지나쳐 버리는 것이다. 이 작은 생각과 습관이 매우 중요한 사안이 될 수도 있는데 말이다. 동서고금을 막론하고 발명이나 발견 등은 모두 이러한 순간적인 착상에서 비롯된 것이 대부분이다.

앞서 말한 '아이디어 노트'는 평상시에 자주 펼쳐 봄으로써 그것을 잠재의식 속에 새겨두도록 노력하자. 그렇게 하면 어느 사이엔가 그 아이디어가 점차 실현되게 될 것이다. 이것이 바로 잠재의식의 작용이며 항상 반짝하고 머릿속에 떠오르는 착상을 중시하는 습관을 몸에 익히도록 노력해야 한다.

좋은 인연을 소중하게 생각하는 습관

무술에 남다르게 출중했던 어느 무인(武人)의 글을 책에서 본 적이 있다.

소인(小人)은 연분을 만나도 연분인지 모르고
범인(凡人)은 연분인지 알지만 연분을 살리지 못하며
대인(大人)은 소매를 스치는 작은 인연도 살리느니라.

이 말의 의미는 사람의 인연이란 소매를 스친 정도의 사소한 만남까지도 살리는 것이 중요하다는 뜻이다. 바로 우리가 말하는 인맥이야말로 무엇보다 소중한 재산임을 강조하고 있는 것이다.

흔히 '돈 떨어지면 친구도 떨어진다' 는 이야기를 듣게 된다. 이것은 돈이나 지위 등을 목표로 하여 사귀는 사람들의 이야기라고 생각한다. 물론 돈은 귀중한 자산이다. 그러나 이 세상은 돈으로는 살 수 없는 인간의 '가치' 가 있다. 인간의 '가치' 가 돈으로 정해질 수 있다면 예금통장 잔액의 많고 적음만이 문제시 되고 중요시될 것이다.

그러나 그와 같은 일은 있을 수 없다. 돈이 전부가 아님은 누구나 다 알고 있는 사실이다. 그렇다면 인간의 '가치' 란 도대체 무엇으로 정해지는 것일까?

인간의 가치란 바로 그 사람의 '인격' 을 말한다. 인생행로에 있어서 자신의 스승으로 받들 만한 사람은 도처에서 찾을 수 있다. 다만 그것을 스스로 깨닫지 못하기 때문에 자신에게는 스승이 없다고 속단

할 뿐이다.

공자는 "좋은 친구와 오랫동안 함께하면 자신도 모르는 사이에 좋은 사람이 되고, 나쁜 친구와 오랫동안 함께하면 자신도 모르는 사이에 나쁜 사람이 된다"고 말하였다. 그리고 인간은 환경의 지배를 받기 때문에 좋은 곳과 좋은 점만을 보고 들어야 한다고 강조하였다.

여선인거(與善人居)에
여입지란지실(如入芝蘭之室)하여
구이불문기향(久而不聞其香)하되
즉여지화의(卽與之化矣)요.

여불선인거(與不善人居)에
여입포어지사(如入鮑魚之肆)하여
구이불문기취(久而不聞其臭)하되
역여지화의(亦與之化矣)니라.

공자가 말씀하시기를, "착한 사람과 같이 살면 향기로운 지초와 난초가 있는 방 안에 들어간 것과 같아서 오래도록 그 냄새를 알지 못하나 곧 더불어 그 향기와 동화되고, 착하지 못한 사람과 같이 있으면 생선 가게에 들어 간 것과 같아서 오래되면 그 나쁜 냄새를 알지 못하나 또한 더불어 동화되나니"라고 하셨다.

인생살이에서 '착한 인연과 좋은 환경'이 그 얼마나 소중한지를 깨닫게 되는 대목이다.

포기하지 않고 마무리하는 습관

이 세상의 모든 일은 끈기에 달려 있다. 끈기가 강한 자만이 최후의 승리를 얻는다. 무슨 일이든 처음 시작할 때의 마음가짐을 끝까지 유지하는 것이 중요하다.

어떤 일이든 '시작'하기란 쉽지만 그것을 포기하지 않고 지속하기란 결코 쉬운 일이 아니다. 여기서 바로 '시작할 때의 기분'을 일정하게 유지시키기가 얼마나 어려운가를 엿볼 수 있는 대목이다.

우리는 오랜 시간 정력과 노력을 기울이면 점차 피곤과 실증을 느끼게 된다. 아무리 오랜 시간 노력을 기울여도 실증을 느끼지 않고 포기하지 않는다면 누구나 바라는 바를 이룰 수 있다. 세상의 모든 일은 포기하지 않는 끈기에 달려 있기 때문이다. 끈기가 강한 자만이 최후의 승리를 쟁취한다.

자신을 채찍질하면서 '계속'이라는 자기 지배력이 끈기를 지속시키는 포인트이다. 일상생활 속에서 사소한 일일지라도 하겠다고 마음을 먹었으면 계속하는 것이 무엇보다 중요하다. 이 '계속한다'는 기력을 가리켜 '끈기'라고 한다.

또 다른 차원에서 이것을 분석해 보자. '안 된다'고 포기하지 않는 습관 역시 이 부류에 속한다. 나를 제외한 다른 사람들은 침착하고 조리 있게 이야기를 하고 있는 것 같지만, 사실은 그들도 떨고 있다. 그것을 상대방이 모를 뿐이다. 커피를 마시면 잠이 안 온다든가, 또는 무엇 때문에 무엇이 안 된다고 처음부터 결정짓는 것은 자기 자신을 포기해 버리는 것과 같다.

독일의 심리학자 분트는 인간의 본능에 대해 다음과 같이 분석하고 있다.

"본능은 두 가지로 크게 분류할 수 있다. 하나는 '종족보존의 본능' 이며, 또 다른 하나는 '개체보존의 본능' 이다."

개체보존의 본능 중에는 집단에 대한 본능이 있다고 분트는 말하였다. 요컨대 인간은 많은 사람들 앞에 나서게 되면 자신도 모르는 사이에 공포의 본능이 작용한다. 바로 자신을 보호하는 방어본능인 것이다. 이것은 인간의 본능이기 때문에 누구에게든 나타나는 증상이라 할 수 있다.

그러므로 사람들 앞에 나서면 떨리는 것은 지극히 당연한 일이다. 앞에서 소개한 예에서 알 수 있듯이 무슨 일이든 처음부터 '안 된다' 라고 결정짓는 것은 대단히 위험한 발상임을 강조하고 싶다.

늘 개선하고 다듬는 습관

우리 사회는 경쟁사회이기 때문에 무엇이든 당면한 업무처리 또는 직무관련 행동에 있어서 안일하게 대처하면, 새로운 아이디어로 새로운 대안을 제시하는 상대방에게 패배의 쓴맛을 보게 된다.

저술을 하는 경우에는 더욱 실감나게 새 것을 추구하는 노력이 중요한 과제가 된다. 자기가 저술한 출판물이 서점에 방치돼 있으면 얼마

못 가서 퇴출되고 만다. 따라서 항상 독자의 니즈를 생각하여 주제에 따라서 새로운 지식을 업데이트하여 개정판을 거듭해야만 현재의 포지션을 유지할 수가 있는 것이다.

직업상 강단에서 강의를 계속해야 하는 나는 강의과목과 관련해서 몇 권의 전문서적을 출판하였다. 주로 사회과학 분야를 강의하기 때문에 이 분야의 저서를 냈는데, 한 가지 어려운 점은 변화무쌍한 분야이기 때문에 새로운 이론이나, 새로운 현실의 변화를 업데이트해서 수정판을 출간하지 않으면 최신성이 떨어지는 결과를 초래하게 된다는 점이다. 이 결과 독자들이 외면할 것 같아서 항상 그 변화로부터 눈을 떼지 못한다.

인간은 새로운 것을 추구하는 속성이 있다. 그래서 이를 거듭하면서 오늘날까지 진화하고 있다고 생각한다. 새로워지도록 노력하는 습관은 바로 지금, 자신이 진정으로 삶을 살고 있다는 '숨결'과도 같은 것이 아닌가 싶다.

인간은 태생적으로 신진대사의 습관을 지니고 있다. 음식물을 섭취했을 때 일어나는 이 현상은 우리의 생명력을 창출하고 유지시켜 준다. 또한 정신적으로 새로운 것을 추구하면 새로운 행복감을 느낄 수 있다. 이러한 것들을 경제학에서는 '효용의 극대화'(maximization of utility)라고 표현하고 있다. '효용'이란 '자기만족도'를 말한다. 그리고 그 '만족도'는 바로 '행복'을 뜻한다.

행복지수를 높이는 길이 바로 '새로운 것을 추구하는 것'이라고 나는 생각한다. 행복론에 관해서는 따로 장을 마련해 두었다.

마무리를 완벽하게 하는 습관

어떤 일이든지 계획한 일을 실행하고 나면, 그 결과를 점검하는 일을 잊어서는 안 된다. 점검하는 과정에서 비로소 개선할 문제점을 명확히 파악할 수 있기 때문이다. 또 추후에 이를 보완하는 피드백도 가능할 것이다.

젊어서 은행생활을 하던 때의 일이다. 내가 예금 권유 관계로 어느 사무실에 막 들어서려고 할 때였다. 사무실 문 앞에 "벗은 신발은 반듯하게 정리해 놓읍시다!"라는 글귀가 적혀 있었다.

마치 어린아이에게 타이르는 듯한 표어였다. 하지만 어른들도 막상 이 같은 사소한 일을 똑 부러지게 처리하는 사람은 그리 많지는 않다.

수년 전에 일본에 몇 차례에 걸쳐 여러 곳을 여행한 일이 있었는데, 대개 그들은 실내에 들어갈 때는 나갈 때 바로 신을 수 있도록 신발을 180도 돌려 놓아두는 것을 여러 번 목격할 수 있었다. 나도 이것을 참으로 합리적인 행동이라 생각하고, 지금도 실천하고 있다. 우선 보기에 깔끔한 인상이 들고, 나갈 때도 편리하기 때문이다. '신경을 조금만 쓰면 이렇게 편리하구나' 하고 느끼곤 한다.

좀 더 현실적으로 돌아와서 직장의 업무처리 과정을 생각할 때, 흔히 「plan(계획) → do(실행) → see(검토)」는 일상적인 로드맵의 상식이다. 그런데 막상 자신은 생활 속에서 이를 실천에 옮기지 않는 경우가 허다하다. 이것을 잊어버리면 결국은 뒷정리를 정확하게 해내지 못함으로써 철저하게 자기 것으로 만들지 못하는 결과를 초래하게 될 것이다.

모든 일은 실행 후의 뒷정리가 매우 중요하다. 사후의 검토를 확실하게 할 때 비로소 반성하고 개선하고 보완하는 등 문제점을 명확히 알아 낼 수가 있기 때문이다. '실패를 성공의 어머니'로 바꾸는 '뒷정리'야 말로 매우 중요한 대목이라 할 수 있다.

시간을 소중히 여기는 습관

'시간은 금이다'(Time is gold)라는 속담이 있다. 동서고금을 막론하고 너무나 잘 알려진 교훈이다. 시간은 누구에게나 공평한 것, 그리고 또 시간은 소중한 것이다. 그럼에도 불구하고 시간을 너무나 대단치 않게 생각하는 경향이 있다. 약속시간을 잘 지키는 일, 이것이야말로 자기 자신의 정체성을 대외적으로 나타내는 표상이다.

이 세상에서 문화적 환경이 시간개념에 영향을 미치는 사례는 세계 각처에서 많이 발견할 수 있다.

라틴아메리카(중남미대륙 국가들)에서는 외국인과 상담을 할 때, 약속시간 보다 약 30분 정도 늦게 도착하는 것이 예사로 알려져 있다. 이때 만약 외국 바이어가 선진국처럼 약속한(대개는 5분 또는 10분 먼저) 정시에 나타나 면 그 상담은 성사되지 않는다. '너무 칼같이 나오면, 장사할 수 없다' 는 심리적 작용 때문이라고 한다.

이슬람 지역에서도 일반적 모임에 30분 정도 늦는 게 상식으로 여겨 지고 있다. '알라신 뜻에 따라 늦었다'라는 의미로 늦게 들어서면서 '인샬라!'라고 외치면 그만이다.

바레인 지점장 시절의 일이다. 어느 날 현지 바레인 아랍계 은행주최 의 만찬 모임이 있었을 때의 일화이다. 1980년대 바레인은 걸프만 유일의 섬나라이면서 중동 산유국의 석유자금이 이곳으로 집중 거래되는 금융중심지였는데 이때 이곳에 160개가 넘는 세계 유수 금융기관들이 밀집해 금융업을 영위하고 있었기 때문에 거의 날마다 은행업무 관련 모임이 끊이지 않고 있었다.

로이드은행, 씨티은행, 스위스은행, 도쿄은행 등 선진국 은행 지점장들을 비롯해서 각국 지점장들이 6시 정시에 모여 들고 있었는데 유독 중동 아랍계 은행 지점장들은 볼 수가 없었다. 주최 측인 바레인계 은행 관계자 몇 명만 보이는 게 아닌가!

약 30분이 지나서야 현지 아랍계 은행 지점장들이 하나둘씩 이슬람 정장(하얀 가운을 입고 머리에는 터번을 씀)을 하고 들어서면서, "앗쌀라무 알라이쿰!"(안녕하십니까?) 하면서 미소를 짓는 게 아닌가.

약속 시간에 맞추어 와 있던 우리들도, "와 알라이쿠뭇 쌀람!"으로 인사하면서 그들을 맞이한 일이 지금도 잊혀지지 않는다.

그러나 이러한 문화적 환경의 차이에서 현지 생활을 해나가려면 그곳 습관에 동화되어야 하고 '로마에 가면 로마사람이 되어야 한다'는 게 사실이지만 이는 어디까지나 해외에서의 관행일 따름이다.

우리가 인생살이 지침으로 삼아야 할 길은 시간을 소중하게 여기고 그에 따른 생활습관을 확립하는 일이 무엇보다 중요하다고 생각한다.

나는 어떤 모임에서든지 약속시간 5분 전에 도착하는 것을 지금도 습관화하고 있다. 어떤 모임, 어떤 행사, 어떤 약속에서든지 그렇다. 교통 사정, 거리 혼잡, 개인 사정 등은 모두 자신의 준비 부족의 단면에 불과하며, 핑계에 지나지 않을 뿐이다.

시간은 누구에게나 공평하다. 그리고 누구에게나 소중한 것이다. 그럼에도 불구하고 시간을 대수롭지 않게 생각하는 경향이 있다. 시간은 절대성과 상대성을 동시에 지니고 있다. 상대방이 존재할 때의 시간은 상대적이기 때문에 자기 혼자 사정만 기준하면 상대방에게 불공평하고 실패에 이르는 덫이 될 수 있다.

혼자만의 존재를 전제할 때의 시간, 즉 절대성의 시간은 상대적인 경우에 비해 부담 없을지는 모른다. 그러나 시간을 어기면 인생의 귀중한 순간들을 낭비하는 손실이 뒤따르는 것은 확실하다. 따라서 두 가지 경우 모두 득이 되지 않는다.

약속시간을 잘 지키고 시간을 소중히 여기는 일, 이것이야말로 자기 자신의 정체성을 대외적으로 보여 주는 정확한 척도가 된다.

성공을 거듭해 나가는 습관 – 실패는 성공의 '반면교사'

"성공은 종착역이 아니라 끝없는 여정(길)의 새로운 시작이다." 미국의 연설가인 지그 지글러가 『정상에서 만납시다』라는 저서에서 한 말이다.

보통 사람들은 어떤 일을 성사시키면, 또는 어떤 시험에 합격하고 나면 그것으로 할 일 다했다고 손을 떼는 경우를 자주 목격하는데, 이는 잘못된 자세이며 습관이다.

모든 진화 또는 발전은 조그마한 성공일지라도 그와 같은 성공의 체험을 거듭하고 반복해 나가는 경우에만 자신감이 생기고 또한 진정한 성공의 시리즈가 열리는 것이다. 만약 거듭되는 성공체험이 없다면 새로운 도전에 직면했을 때 자신감이 생기지 않기 때문에 처음부터 포기하고 마는 경우가 생길 수도 있다.

그런데 인생에서 이와 같이 성공이 간단하게 이루어지는 경우는 거의 없다. 성공이 얻어질 때까지의 수많은 과정이 무엇보다 중요하다. 그 과정 속에는 숨겨진 실패 체험도 포함된다는 것을 잊어서는 안 된다.

인생이라는 '길'에서 정상(성공)으로 가는 데 성공과 실패의 차이는 아주 작다. 불과 1∼2센티미터 차이라고나 할까? 행복과 불행, 챔피언과 탈락자의 차이는 말 그대로 근소한 차이로 측정되지만, 승자와 패배자에게 주어지는 보상의 차이는 엄청나다.

거의 승진을 눈앞에 두고 있다 하더라도 끝까지 완주해서 그 보상이 확실하게 돌아온다는 보장은 아직 이르다. 그 만큼 정신자세가 중요하다. 그런데 실패에 따르는 체험은 성공의 그것보다 더 값지다. 왜냐하면 실패의 원인을 확인하면 두 번 다시 그 실패가 되풀이되지 않을 것이기 때문이다. 미래의 성공을 향해 달려가는 길목에서 그 실패의 골목은 미리 피하고 곧장 바른 길을 향해 보다 빠른 시간 안에 목적지에 다다를 수 있게 될 것이다.

실패는 성공의 '반면교사'(反面教師)이다. 실패를 거울삼아 인생을 달려가면 성공이 그 만큼 더 가까이 다가온다.

『합리적 행복』의 저자인 올리버 버크먼(영국 가디언 기자)은 "성공의 필수 요소로 실패를 받아들여야 한다. 자녀나 부하 직원들에게 '실패하면 안 된다'고 요구하는 것은 굉장히 위험한 발상이다. 성장하기 위해서 한계에 도전하고 그러다 실패할 수 있는 것은 당연하다. 특히 젊은이들에게 실패가 재앙이 아니라는 점을 교육시키지 않으면 위험을 회피하고 안전한 길로만 가려고 하기 때문에 역량을 제대로 발휘 못하게 된다"라고 피력했다.

여기서 '실패는 성공의 어머니'라는 서양 격언을 우리는 생각하게 된다.

또 다른 이야기가 있다.

미국 펜실베이니아대학교 기술혁신센터의 폴 J. H. 슈메이커 박사는 "아인슈타인은 인류 역사상 최고의 물리학자이다. 그의 「상대성 이론」(Theory of Relativity)은 시간 – 공간 – 에너지 등에 대한 개념을 완전히 바꾸어 놓았다. 하지만 그의 상대성 이론은 최소 23가지의 실수를 했다. 특수상대성 이론에서 도출된 유명한 공식 $E=mc^2$를 증명할 때도 몇 년에 걸쳐 계속 실수를 했다. 그러나 아인슈타인에게 실수는 상대성 이론을 발견하는 데 핵심적인 역할을 했다. 실수를 통해 배우면서 그는 자연에 대한 중요한 통찰을 얻었다"라고 말하고 있다.

성공은 이미 결정된 운명이 아니라 하나의 여정(旅程; '길')이며, 당신이 가고자 하는 방향이다.

상대방의 장점을 칭찬해 주는 습관

인간은 누구나 칭찬을 받으면 기뻐한다. 이러한 기쁜 감정이란 도대체 어떤 것일까? 어느 심리학자의 설명을 요약해 보자.

이때의 '기쁜 감정'은 둘로 나눌 수 있다. 하나는 '자기 확인의 칭찬', 또 다른 하나는 '자기 확대의 칭찬'이라고 한다. '자기 확인의 칭찬'은 이미 자기 스스로도 인정하고 있는 자신의 장점을 칭찬 받는 경우이다. 예를 들면 키가 늘씬하게 커서 멋있다든가, 성적이 우수하다든가 등이다. 다시 말해서 지금까지 여러 사람들로부터 흔히 들어온 이야기로서 자기 자신도 이미 그것을 잘 알고 있는 장점이다.

'자기 확대의 칭찬'은 지금까지 자신이 전혀 깨닫지 못한 점을 타인으로부터 칭찬을 받는 경우이다. 예를 들면 표정이 온화하다든가, 음성이 매력적이라든가 등이다.

'자기 확인의 칭찬'과 '자기 확대의 칭찬'을 비교하면 '자기 확대의 칭찬' 쪽의 기쁨이 단연 클 것이다.

자신이 미처 몰랐던 업무상의 장점을 칭찬 받았을 때 더욱더 열심히 하려는 의욕이 솟구치게 된다고 한다.

상대방을 칭찬해 보라. 칭찬 받은 쪽도 어느 정도 과장인지는 알면서도 자신의 장점을 '발견'하고 상대가 그것을 인정해 주는 사실에 아주 기뻐할 것이다. 칭찬은 이처럼 본인이 미처 눈치채지 못한 점을 꼬집어 주는 것으로 인간관계의 포인트가 된다.

고교 1학년 때에 있었던 일이다. 지리 담당교사이며, 우리 반 담임이셨던 L선생님의 경우이다. 첫 시간에 세계지도를 칠판에 그리는데 뒤로 돌아서서 그리는 게 아니가! 감탄하지 않을 수 없었다. 앞을 보고 학생들에게 설명하면서 뒤쪽으로 팔을 뻗쳐 오른손에 쥔 분필로 칠판 위에 세계지도를 그려 나가는 것이다.

그런데 갑자기 칠판 좌상단 쪽에서 오른쪽 방향으로 역(逆) 'Y'자 모양의 스칸디나비아 반도를 그리고 나서, 그 오른쪽 밑에 펼쳐지는 발틱해 연안을 따라 계속 그려 내려오더니 한 곳을 동그라미 치고, "여기가 어디지? 아는 사람 있으면 손들고 말해 봐!" 하시는 게 아닌가.

이때 나는 얼른 손을 들었다. "스웨덴의 수도 스톡홀름입니다." "좋아, 맞았어…, 어떻게 그걸 알고 있지? 대단하네!" 선생님은 칭찬과 함께 웃으면서 나를 바라보았다.

이는 6·25 때 누님 집의 '골방' 속에 칩거하며 독학으로 지리와 역사를 공부했던 것이 빛을 본 것이다. 이를 계기로 나는 지리학에도 관심을 가지고 열중하게 되었고, 성적도 최고로 오르게 되었다. 그 뿐만이 아니다. 이것이 인연이 되어 나와 L선생님은 내 인생 성장기에 더큰 '인연'으로 발전했고, 그 후 나는 많은 은혜를 입게 되었다.

같은 무렵에 또 다른 사례가 있다. 국어 시간에 R선생님께서 학생들에게 발표과제를 주면서 다음 시간까지 내용을 조사해서 발표해 보라고 하셨다. 나는 학교 도서실 자료와 친구 아버지께서 서재에 장서로비치해 놓은 『한글대사전』을 빌리고 다른 자료들도 찾아서 정리한 것을 다음 국어시간에 발표했다.

몇 명이 뒤를 이어 발표했는데 강평시간에 R선생님께서는 내가 발표한 내용을 하나하나 포인트를 짚어 가면서 훌륭하게 잘 되었다고 칭찬을 하시는 게 아닌가! 그러면서 "아니, 무엇하고 있어. 잘된 조사 자료의 포인트를 노트에 적어 두지 않고! 기말고사에 출제될 수도 있어!"하셨다. 그러니 급우들이 메모하느라 난리가 났고, 한동안 나의 국어조사 자료가 이쪽저쪽으로 유통되는 상황이 벌어진 일이 있다.

이때 나는 '아, 나도 국어 과목에 소질이 있나 보다' 하고 속으로 무척 기뻐했다. 그 후 나의 국어 성적은 학기마다 상승하여 우수한 성적을 기록하게 되었다. 아마도 '피그말리온 효과'(121쪽 참조) 때문인지도 모른다.

상대방을 칭찬하라. 상대방의 좋은 점을 발견하라. 그리고 그 사람의 장점(長點)을 발견하고 칭찬하는 데 최선을 다하라. 자신의 좋은 점을 발견하는 가장 좋은 방법은, 다른 사람의 좋은 점을 발견하는 데 최선을 다하는 길과 상통한다.

반드시 성공한다는 신념을 가져라

'성공'이라는 단어는 바로 '인생의 꿈이 모두 이루어지는 그것'이리고 간단하게 단정할 수는 없다. 끊임없는 노력 속에 꼭 이번 일을 성공시키겠다는 철두철미한 각오 아래 꾸준히 쉬지 않고 목표를 향해 뚜벅뚜벅 걸어갈 때 나타나는 등불과도 같은 '그것'이라고 생각한다.

그 사례를 나의 경험담에서 소개하고자 한다. 국내 체험담 세 가지와 해외 체험담 세 가지이다.

초임 은행 지점장 부임 시절 – 로마에 가면 로마법을 따르라!

나는 입행동기들과는 다르게 첫 지점장 발령을 충주로 받았다. 서울 중심가 대형 지점장으로 발령을 받은 사람들도 여럿 있었다. 그렇게 되면 크게 힘들이지 않더라도 소기의 영업성과를 올리게 되는 게 기정 사실이다. 그러나 지방 점포 가운데에도 충주 지점은 수익기반이 열악하고 거래처도 몇몇 중소기업 외에는 개인거래가 주종을 이루고 있어 예금 기반도 열악한 상태였다.

그러한 반면에 이 지방 주민이나 고객들은 예로부터 자존심이 매우 강하고 보수성 또한 강해서 은행에서 먼저 찾아가서 인사를 드리고 열성을 보여야만 겨우 은행거래에 관심을 가져주는 형편이었다!

이러한 지점에 초임 지점장으로 발령을 받고 부임 첫날이 밝았다. 미리 수집한 충주 지점 주요 거래처 고객 명단에 따라, 간단한 인사증정품을 준비하여 새벽에 아내와 함께 충주로 향하였다. 현지 시간으로 아침식사 직전에 심방이 시작되었다.

먼저 거액예금 주거래처, 주요 기업체 대표, 그리고 충주지역 주요인사, 충주 상공인연합회 회장댁, 충주청년회 회장댁 등 바삐 돌아다니며 오전 중에 모두 인사를 마쳤다. 아내는 지점 관사에 내려 주고 나는 지점으로 돌아와서 직원들을 모아 놓고 간단하게 취임인사를 했다. 그리고 오후에는 관공서, 주요 기관 등을 찾아가서 인사를 했다.

그렇게 한 후 2~3주가 지나서야 거래처 고객들의 반응이 나타나기 시작했는데 "새로 온 L지점장이 열심히 일하고 부지런하고 친절하더라"라고 긍정적인 소문이 나돌기 시작한 것이다. 나는 초지일관 처음 자세대로 업무추진을 해 나갔고 거래처로부터 좋은 호응을 계속 얻으면서 업적을 유지해 나갈 수 있었다.

이곳에는 K은행, I은행을 비롯하여 많은 동업 은행들이 있어서 경쟁이 치열하였다. 그러나 취임 초부터 노력을 거듭한 결과 은행업적은 동업자 중에서 기선을 잡고 선두를 달리고 있었다.

충주댐 수몰지구 보상금 예금유치 – 중원군(寒水面)사무소 방문 일화

하루는 신문에 대서특필로 '충주댐 건설공사 계획 확정 – 주무관청은 한국수자원공사(충주지사)'라는 활자가 나의 눈을 사로잡는 게 아닌가!

나는 곧바로 현장으로 달려갔다. 은행 지점에서 얼마 안 되는 거리에 위치한(충주시 외곽지대인 남한강 강변 근처) 수자원공사 충주지사 간판이 붙은 사무소를 찾았다. 그리고 인사를 나눈 후 수몰지구의 보상안이 확정되었음을 확인하고 나왔다.

충주시청에서 작성된 명단에 따라 곧 땅 주인 또는 건물 주인들에게 보상금이 지급된다는 정보도 확보했다. 나는 지점에 돌아와서 곧 서무계장을 불렀다. 서무계 K계장은 충주상고 출신으로 충주시청 보상금 담당계장과 동기동창 관계이었기 때문에 곧바로 행동으로 돌입할 생각이었다.

누구에게도 말하지 말라는 당부를 하고 K계장과 함께 곧바로 시청으로 갔다. 보상금 담당계장과 인사를 나눈 후 잘 부탁한다는 말을 남겨 두고 나는 먼저 돌아왔다.

얼마 안 되어 K계장이 「충주댐수몰지구보상금지급예정 명세표」를 가지고 지점장실로 들어 왔다. 나는 곧바로 섭외담당 대리를 지점장실로 불러서 긴급회의를 시작했다. '대외비'를 강조한 채, 보상금유치계획을 수립하도록 지시하고 '특별금융상품'을 구상했다. 보상금 연결 특별금융상품 내용을 다음과 같이 마련했다.

보상금을 수령하는 예금주께 드리는 '특별예금' 연계혜택 안내

　가) 보상금을 정기예금에 예치(기간은 1년, 2년, 3년 세 가지 종류)

　나) 매달 지급되는 정기예금 이자를 동일 기간의 정기적금에 자동 이

　　체하는 연결 정기적금에 가입(기간은 1년, 2년, 3년 세 가지 종류)

　다) 예금 만기가 되면, 정기예금+정기적금만기 계약액의 합계액을

　　지급해 드림

　1980년대 당시 우리나라의 금리수준은 두 자리로서 보상금의 금융 재테크 결실이 엄청나게 매력적인 시기였다. 그 당시의 자료에 의하면 은행 정기예금(1~3년) 이자는 15%대를 넘었고, 대출이자는 20% 초반에 정착돼 있었다.

　나는 K계장과 함께 수몰예정지구의 행정 관청인 충북 중원군 한수면(寒水面) 사무소를 매일 같이 찾았고, 보상수령예정 주민의 주소지를 찾아 누비고 다녔다. 지금은 충주호 수면 아래로 묻혀 있지만 그 당시에는 면사무소가 한수면의 골짜기에서 약간 위쪽 언덕 위에 자리하고 있었고, 근처에는 밭과 과수원과 논이 이어져 있었는데 담배를 재배하는 모습도 기억이 난다. 단양 읍내에 거주하는 어느 거래처의 경우, 충주에서 새벽 밤길을 달려가서 상품소개를 한 일도 있다.

　이리하여 그해 상반기 충주 지점의 업적은 예금총액이 부임 전 대비 거의 100% 가까운 실적 증가를 올렸고 거기에 따른 이익 증가도 엄청난 성과를 가져왔다. 그 당시 은행의 지점 결산방식은 예금자금의 본점 집중제도가 실시되었기 때문에 예금증가분은 본 지점 이자 수령으

로 이익계정의 수입증가로 직결 처리되어 있어, 매우 유리한 입장에 있었다. 그리하여 그해 상반기의 지점업적평가에서 충주 지점이 은행 전체 평가그룹 C그룹 중에서 여·수신 통합업적 단연 1위를 차지하게 되었다.

한수면 수몰 전 옛 마을 모습

나는 부임 1년도 채 안 되어 정기인사 이동에서 충주 지점장에서 일약 서울 수유동 지점장으로 발탁인사의 영광을 얻게 되었다. 당시 지점업적평가제도는 여·수신합계 규모별로 A그룹, B그룹, C그룹 등, 3개 그룹으로 구분되었고, 충주 지점은 C그룹에 분류되어 있었다.

여기서 잠깐 충주호에 대해서 살펴보자.

내륙의 바다 충주호는 바다가 없는 유일한 충청북도에서 시원스럽게 그 위용을 자랑하고 있다. 충주호는 총면적 67.5km², 평균수심

97.5m, 저수량 27억 5천 톤으로써 소양호 다음으로 담수량이 큰 호수가 되었다. 또한 여러 가지 어종이 풍부해 사철 낚시꾼들이 붐비는 낚시 천국이기도 하다.

1980년 충주댐 건설 이전에는 이곳 남한강변은 '수석'(壽石)의 명산지로서 그 당시 봄철이면 수석을 수집하는 인파로 인산인해의 장관을 이루고 있었던 풍경이 지금도 눈에 선하다.

지난 2013년 8월 충주호에서는 '충주세계조정선수권대회'가 열렸는데 이 대회사상 역대 최대 규모인 75개국 1,900여명의 선수단이 참가하여 겨룬 결과, 이탈리아가 종합우승(금 3, 은2, 동3)을 차지했고 호주가 2위, 영국이 3위를 각각 차지하였다.

지하철 4호선 상계동 차량기지 보상금 예금유치 일화

수유동 지점은 지금 강북구청 바로 옆 대로변 코너에 자리 잡고 있는 요충지로서 인근에는 상가와 공장들이 들어서 있고 서쪽 직선거리에는 「4·19기념탑」이 있는 의미 있는 위치에 있다. 충주 지점과는 달리 인근에 중소기업들이 많고, 대로변에는 상가들이 집중되어 있어서 창구거래가 활발한 아주 활기가 넘치는 점포였다.

부임하고 얼마 안 되어 지하철 4호선 건설이 확정되었다. 제1단계로 우리 지점에서 동북쪽으로 얼마 안 되는 상계동 지역에 지하철 차량기지를 건설하게 되면서 주변 농토를 대폭 수용하는 공고가 나붙는 게 아닌가!

나는 마음속으로 '이게 웬 운명의 만남인가?'라고 쾌재를 부르면서 충주 지점 시절의 보상금 유치 경험을 살려, 즉각 보상금유치계획 수립에 박차를 가했다. 그런데 그 당시 바로 인근에는 서울시 국고 취급 전담 은행인 S은행이 자리를 잡고 있어서 충주보다 쉬운 일은 아니었다.

S은행이 만약 선수를 쳐서 구청의 보상금 지급계획 리스트를 갖고 행동한다면 우리 지점은 구경만 할 수밖에 없는 노릇이었다. 따라서 이 일을 처리하는 데는 보상금 수령 예정자와 1대 1로 대면해서 소리 소문 없이 추진하는 것이 무엇보다 중요한 일이었다.

나는 S은행보다 먼저 보상금 리스트를 입수하는 데 성공했다. 그리고 섭외담당 대리와 매일 아침 은행 업무 시작 1시간 전에 상계동 보상 대상자의 자택에 직접 찾아가서 상품안내서(충주 지점 사례와 같은 제작품)를 드리고 열심히 설명을 하였다. 아마 가가호호 방문 횟수는 한 곳에 두세 번씩 모두 해서 수백 번에 이르렀을 것이다. 드디어 보상금이 지급되는 날이 왔다.

역시 '지성이면 감천'이라는 격언이 맞아떨어졌다. 보상금 수령자들이 국고수표를 들고 우리 지점으로 줄지어 들어서는 게 아닌가! 나는 은행 입구에 서서 한 분 한 분에게 인사를 하면서 지점장실로 안내했고, 약속대로 정기예금과 정기적금 가입 절차를 끝마친 후 감사하다는 말과 함께 은행 문 앞에서 정중히 작별인사를 드렸다. 그리하여 그 후부터 매달 이자지급일이 되면 지점장실은 그야말로 고객들로 인산인해를 이룰 지경이었으니 참으로 기쁘기 그지없었다.

나중에 알게 된 사실이지만 S은행은 보상금 자체가 자기들 창구에서 지급되기 때문에 '돈을 내주면서 예금을 부탁하면 되겠지…'라고 안일하게 대응한 탓으로 거의 예금 유치실적이 없었다. 그리고 이튿날 국고수표가 교환처리 돼서 자기 지점으로 돌아왔을 때 수납은행이 바로 옆 은행이란 사실이 알려지게 되어 난리가 날 지경이었다는 것을 전해 들었다.

이런저런 업적들이 잘 반영된 탓인지 얼마 후, 나는 현재 광화문에 위치한 (우리은행)세종로 지점장으로 영전 발령을 받아 옮기게 되었다. 이리하여 연속적인 성공사례를 이어 갔다.

시드니 West Pac 은행 국제본부 연수생 시절

나는 해외 은행원 생활에서도 철저하게 현지화(現地化) 정책을 택했다. 그것은 나의 첫 해외생활이 시작된 호주 시드니에서부터 펼쳐졌다.

1970년 가을, 내가 시드니 공항에 내렸을 때, 웨스트팩 은행에서 마중 나온 사람은 키가 크고 미남 스타일의 전형적 영국 신사형 호주 사람인 부루스 코완이었다. 나에게는 매우 인상적인 사람이었다. 부루스는 나를 차에 태우고 시드니 시내로 들어오기까지 여러 가지 설명을 이어 갔다.

나중에 알게 된 일이지만, 부루스의 아버지는 영국 출신의 건축기사로서 호주의 명물인 '시드니 하버브리지' 건설 당시 건축담당 기사로 이곳에 와서 일하다가 다리가 완공된 이후에 정착하였다. 부루스는 호주 이민 2세였다. 나이는 나와 동갑이고 직위도 똑같았기 때문에 빨리 친숙해졌다.

부루스는 주말마다 자기 집으로 나를 초대해서 함께 시간을 보냈고,

부인과 가족들을 소개해 주는 등 매우 친절하게 배려해 주었다. 나도 서울에서 준비한 선물을 전했고, 한국의 금융제도 관련 자료들을 전하기도 했다.

내가 은행국제금융업무 연수차 오게 된 웨스트팩 은행(당시 이름은 The Bank of New South Wales)(이하 웨일즈 은행)은 당시 호주 최대 상업은행이었고, 그 무렵은 마침 종주국인 영국이 유럽공동체(EC: European Community) 가입을 눈앞에 두고 있는 시점이었기 때문에, 호주의 대외 금융경제정책 방향이 영국으로부터 아시아·태평양으로 전환을 준비하고 있던 시점이었다.

웨일즈 은행은 200년 가까운 역사를 가지고 있는 상업은행으로서 시드니 중심가인 조지 스트리트에 위치하고 있었는데 이 은행 7층에 국제본부가 있었기 때문에 나는 매일 이 사무실에 출근하게 되었다. 이 은행은 나에게 국제본부 내에 별실을 마련해 주어 매우 편리했고, 부루스가 옆에 있어 항상 이야기를 나눌 수 있었고, 업무연수도 도와주곤 하였다.

나는 호주은행의 한국 진출에 필요한 각종 금융자료들을 서울에서 송부 받아 부루스에게 전달해 주곤 하였다. 하여간 업무적으로나 개인적으로나 우리들은 자연스럽게 무척 가까운 친구 사이가 되어 가고 있었다.

주말인 어느 날 부루스가 특별히 시간을 내어 시드니 근교에 있는 본다이 비치에 수영을 하러 갔다. 그날 그곳에는 수많은 사람들이 수영과 서핑을 즐기고 있었는데 참으로 평온해 보였다. 우리도 수영을 마음껏 즐겼다.

그 이후 우리는 더욱 친밀해졌고 은행에서도 편안하게 근무할 수 있도록 모든 상황을 마련해 주었다. 그리고 은행 내의 여러 동료들을 소개해 주고 우정 어린 분위기를 조성을 하는데 무척 애를 써 주었다. 지금도 그의 친절과 고마운 마음을 잊을 수가 없다.

웨일즈 은행에 있는 동안, 많은 책임자들과 친교관계를 가졌는데 그 가운데에서 보브와 킹스밀이 특히 기억에 남는다.

그해 12월 크리스마스가 가까워지는 어느 날, 국제본부 임직원 모두가 참석하여 연말 겸 성탄절 파티를 하게 되었는데 그 자리에 내가 초청되었다. 이날 나는 연설자로 나서게 되었고, 원고를 미리 작성해서 준비하는 동시에 그 전날 녹음기를 들으면서 몇 차례 실전연습도 하였다.

그 파티에서 나는 '호주의 아태지역 참여와 양 은행의 역할' 이라는 주제로 약 5분 넘게 연설을 하였는데 박수 세례를 받았다. 그 다음날 부루스는 나에게 참석자들이 '완벽한 내용의 연설' 이라고 칭찬이 자자했다고 전해 주었다. 호주 은행원들과 원활한 의사소통이 된다는 생각에 기분이 날아갈 듯 좋았고 자신감도 생겼다.

나는 시드니 연수일정의 다음 행선지인 호주의 수도 캔버라 지점으로 이동하여 현장연수를 계속하게 되었는데, M지점장의 친절 또한 잊을 수 없다. M지점장은 내가 귀국하고 얼마 후에 '웨일즈 은행 서울 지점' 설립 준비 차 서울에 왔고, 조선호텔에서 재회했다. 웨일즈 은행은 원활하게 한국 진출에 성공하였다.

이와 같이 나는 호주 은행연수를 통해서 많은 것을 배웠다. 특히 국제금융업무 분야에 대해서 현장에서 국제 감각의 눈을 떴고 좋은 추억을 얻어 올 수 있었다.

젯다 주재원 시절

시드니에서 해외 은행연수를 마치고 귀국한 지 4년 좀 지나서 중동주재원(사우디아라비아 젯다 주재)으로 발령을 받았다.

젯다는 아프리카 동쪽 홍해에 접한 사우디아라비아 반도 최대의 상업도시이자 무역항이다. 당초 1975년 8월 초순에 부임할 예정이었으나 레바논의 수도 베이루트에서 회교도와 기독교도 사이에 전쟁이 발발하여 경유지였던 베이루트 공항이 폐쇄되는 바람에 출발이 지연되면서 새 항공 루트를 마련해야 하는 딱한 사정에 놓이게 되었다.

지금은 직항로가 발달되어 있지만 당시에는 사우디아라비아로 가는 항공편이 매우 열악한 상황이었다. 그때 서울 주재(남산) 사우디영사관에서 수정된 항공 루트를 친절하게 알려 주었다.

서울 – 홍콩(KAL)

홍콩 – 바레인(브리티시 항공)

바레인 – 다란(걸프 항공)

다란 – 젯다(사우디아라비아 항공)

위의 절차대로 항공표를 구입하고 드디어 비행기에 탑승하였다. 그런데 다란(Dahran) 공항에서 사우디 입국절차를 밟은 후 사우디아라비아 항공기를 갈아타고 젯다로 가야 하는데, 문제가 발생하였다. 새벽에 다란 공항에 도착하니 공항에서 입국거절을 하는 게 아닌가! 베이루트 사태 때문에 비자 기간을 하루 초과해서 (기내에서 하룻밤 지냈음) 그렇게 되었던 것이다.

하는 수 없이 조금 전에 타고 왔던 걸프항공을 다시 타고 바레인으로 돌아오니 아직도 새벽이었다. 공항에서 가까운 브리티시 호텔에 들어가서 기다렸다가 업무 시작 시간에 바레인 주재 사우디아라비아 대사관에 가서 단기비자를 발급받았다.

다시 바레인 공항으로 가는 길에 시간 여유가 좀 있어서 바레인 시내를 택시로 돌아보았다. 중동 금융의 중심지로 비약하려 하지만 허허벌판이었고, 산유국으로서 너무나 뒤지고 있다는 느낌을 받았다. 이로부터 9년이 지난 후에 지점장이 되어 다시 이 땅을 내가 밟으리라고는 꿈에도 생각하지 못하였다.

다란 공항에서 젯다 행 사우디항공에 몸을 실으니 피곤이 몰려왔다. 잠깐 순간 잠이 든 것 같았는데 눈을 뜨니 젯다 공항이 벌써 눈앞에 내려다 보였다. 이렇게 해서 시작부터 험난한 나의 중동 주재원 생활은 막을 올리게 되었다.

주재원의 첫째 임무는 현지 진출 한국계('한일은행' 거래처) 건설 회사의 자금관리이며, 둘째 임무는 현지 은행과 '한일은행' 간에 자금예치환 거래계약(agency arrangement, 코레스은행거래의 영역 확대)을 체결하는 것이었다.

당시 현지 은행과 한국의 은행들과의 자금결제 및 신용처리 현황을 보면, 현지 한국 건설 회사들이 건설용역의 수주 및 공사착공, 진행, 그리고 완공 후 마무리까지 공사 진행 과정별로 각각 지급보증서를 사우디 건설청(발주처)에 제출해야 하는데, 건설용역 진행 과정별로 각종 필요 보증서인 B-bond, P-bond, AP-bond, M-bond, R-bond 등을 준비하려면, 한국계 은행들의 사우디 정부를 수익자로 하는 지급보증서를 제출해야 하고, 이때 그 보증서상에 지정된 영-미계 Major bank의 re-conform(재보증)을 받아 와야만 처리되도록 되어 있어, 중동 건설 회사의 한국계 거래은행으로서는 매우 힘든 일이었다. 그리고 별도의 Re-conform charge(추가재보증 수수료)를 부담하기 때문에 한국 건설 업계의 수익성이 감소되는 불리한 위치에 있었던 것이다.

나의 첫 번째 임무인 자금관리는 현지에서 업무규정에 따라 철저하게 관리하면 되지만, 현지 제1의 최대 상업은행인 NCB와 '한일은행'이 자금예치환거래계약을 체결하는 것은 결코 만만한 일은 아니었다.

1975년도 사우디아라비아 금융시장 동향을 보면 석유수출에 따른 막대한 외화 자금을 바탕으로 한 SOC 건설수주가 날로 확대되어 가고 있는 상황이어서 국제금융거래가 활성화되어 가고 있었다. 그 당시 현지 금융기관의 영업현황을 보면 1975년 말 현재 NCB가 사우디 전체 금융시장의 75.5%를 점유하고 있어 명실상부하게 절대적 우위를 차지하고 있었다.

나는 NCB의 국제부장인 바자말(Bajamal)을 매주 한 번씩 꼭 심방하기로 마음먹었다. 이슬람 국가들은 월요일부터 목요일까지 일을 하고 금요일에는 주말이라 보통 쉰다. 따라서 3일 동안 쉬고 첫 출근하는 월요일에는 마치 휴가가 끝나고 첫 출근할 때의 컨디션처럼 무척 맥이 빠지고 나른하기 때문에 그날은 절대 약속을 요청하면 안 된다. 그래서 나는 매주 수요일 오전 11시 즈음에 정기적으로 찾아가는 것을 일과로 삼았다.

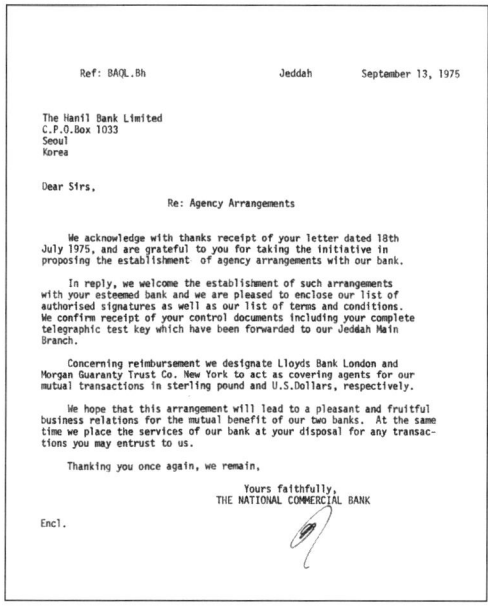

NCB와 '한일은행' 간 agency arrangement 체결 기본 공문 사본

첫날에 그와 인사할 때는 아랍어로 인쇄된 내 명함을 내밀면서, "앗쌀라무 알라이쿰, 아나 리, 민 쿠리야."(안녕하십니까? 한국에서 온 Lee입니다.) 정중히 예를 갖추어 인사하니, 그도 "와 알라이쿠뭇 쌀람, 아나 바자말, 케이파 할루카?"(안녕하세요? 바자말입니다. 반갑습니다.) 하면서 영어로 인쇄된 명함을 주었다.

이렇게 해서 그와 나는 인연을 맺었는데 2년여 동안 하루도 거르지 않고 수요일에 그를 심방했고 그도 당연히 오전 11시에는 꼭 시간을 비워 놓고 나를 기다렸다. 정말 고마운 친구라고 지금도 생각한다.

나는 나의 목표인 은행거래협약을 조속히 체결하는데 총력을 집중하고 심방할 때마다 계약업무 추진 상황을 바자말과 체크하면서 독려하여 갔다. 앞의 공문에서 볼 수 있는 것처럼 NCB와 '한일은행' 간 자금예치환거래계약 체결에 성공할 수 있었다.

또한 이와 같이 신념을 가지고 성공을 확신하면서 꾸준한 인내심으로 공(功)을 들이면 바라는 꿈이 이루어진다는 것을 알게 되었다.

바레인 지점장 시절 – 중앙은행 CBB의 압둘 라만 국장과의 우정

중동의 사우디아라비아 젯다에서 무사히 임무를 마치고 서울로 귀임한지 7년 7개월 만에 나는 다시 중동의 바레인 지점장 발령을 받았다. 이곳에 부임하던 날, 9년 전의 일을 회상하지 않을 수 없었다. 그런데 이게 어떻게 된 일인가? 9년 전의 황량했던 모습은 간데없고 시원스럽게 뚫린 도로망과 위용을 자랑하는 빌딩들이 숲을 이루고 있는 게 아닌가! 마치 다른 곳이 아닌가 하는 의심이 들 정도였다.

중동 산유국들의 오일 달러가 바레인에 집중되어 세계금융의 중심지로 각광을 받으면서 9년 동안에 비약적인 발전을 거듭한 결과라는 것을 며칠 후에야 알 수 있었다.

이곳에서 나의 첫째 임무는 중동 유일의 해외 거점 점포로서 적자 점포의 굴레를 벗어나 흑자 점포의 기틀을 굳건히 다지는 일이었다. 여기서 착수할 일은 사우디아라비아 진출 한국 건설용역회사들의 금융

관련거래를 유치하는 일이었다. 중동 주재원 재임 당시 닦아 놓았던 기반과 노하우가 큰 재산이 되고 방책이 되었다.

우선 나는 사우디 젯다, 리아드, 알코바로 각각 날아갔다. 거기서 한국 업체들을 방문하고 인사를 나누었는데, 국제영업부 차장으로서 '중동건설 지급보증 담당' 시절의 인연들이 엄청난 연결 효과를 가져왔다. 그 덕분에 그들의 각종 본드(bond) 거래를 모두 우리 은행 바레인 지점으로 집중시키는 데 성공할 수 있었다. 또한 원자재 부문 수출입 거래 및 그에 따른 신용장거래 등 모든 외환거래도 자연히 뒤따르게 되어 수수료 수입이 날로 증가하게 되었다.

그런데 중동 석유금융센터인 바레인에서 은행영업의 모든 절차와 규제는 바레인 중앙은행인 BMA(Bahrain Monetary Agency: 지금은 Central Bank of Bahrain으로 명칭이 변경되었음)의 은행감독국 소관 하에 있었기 때문에 여기에 신경을 집중시키지 않을 수 없었다. 다음은 그 당시 일화이다.

여기에서도 바레인 중앙은행 심방은 사우디아라비아 사례와 비슷한 이유로 매주 수요일 오전으로 정했다. 나는 BMA의 압둘 라만(Abdul Rahman Ahmed Al Wazzan) 국장을 매주 찾아 일주일의 업무현황을 설명하고 필요한 업무협조가 있으면 도와 달라고 요청했는데, 대부분 즉석에서 해결해 주곤 하였다.

하루는 그를 찾았더니, 얼굴빛이 좋지 않았다. "마다 비카?"(왜 그러냐?)고 물었더니, "우씹투 비쥬캄 문두 뭇다틴 와 할라티 싸이야툰"(며칠 동안 감기에 걸려서 컨디션이 나쁘다.)라고 하였다.

중동은 낮에는 섭씨 40도가 넘는 폭염에 시달리지만 저녁은 기온이

뚝 떨어져서 일교차가 워낙 크기 때문에 감기에 걸리는 경우가 허다하였다. 그래서 나는 압둘 라만에게, "리마다 람 타슈타리 다와 미낫 싸이다리아 와 타타나왈루후"(왜 약국에서 약을 구해서 복용하면 되는데 그냥 있냐?)라고 되물었더니, "알라 타으리프 안나나 피사흐르 라마단 알안? 리단 아나 파깟 아흐타밀루 앗쥬캄"(지금은 라마단이지 않느냐? 그래서 참고 있는 것이다.)라고 했다.

라마단(Ramadan)은 '금식월(禁食月)' 또는 '성월(聖月)'이라고도 하며, 이슬람교에서는 이 한 달 동안, 동이 틀 무렵부터 땅거미가 질 때까지 음식·술·성교 또는 쾌락을 금하도록 계율로 정해져 있다. 그러나 해가 지면 음식을 먹을 수 있기 때문에 아이러니하게도 음식 소비는 평소보다 많다.

나는 그의 엄격한 신앙심에 감탄했다. 그러나 "이든 팔타슈타리 아쓰비린 미낫 싸이다리아 필 마싸 와 타타나왈루후"(그러면 늦은 밤에 '아스피린'을 복용하면 될 것이다.)라고 알려 주고는 돌아왔다.

그 다음 주 수요일에 그를 다시 찾았을 때, 뜻밖에도 감기가 나아 있었다. 내 권유대로 따른 것이다. "알아쓰비린 알라디 타나왈루후 마싸 안 카나 파알란 짓단"(저녁에 복용한 아스피린의 약효가 크게 효력이 있었다.)이라면서, 오히려 나에게, "슈크란 좌질란"(매우 고맙다.)이라고 하는 게 아닌가.

'라마단'과 '감기약'의 에피소드는 내 해외생활 추억으로 지금도 간직하고 있다.

이처럼 나는 사우디 젯다의 바자말 부장, 바레인 중앙은행 감독국의 압둘 라만 국장 등의 사례를 통해 설명한 것처럼, '현지 문화와의 동질화에 성공' 했다고 지금도 자부하고 있다.

한편으로 나는 사우디아라비아 내의 풍부한 석유수출대전인 미 달러화와 현지 다른 통화와의 환헷지 거래도 금융중심지인 바레인의 한일은행 딜링계좌에 집중시켰다. 그리고 사우디 리알화(SR)와 영국 파운드화(£)의 환헷지 거래는 환위험 노출을 사전에 방지하고 통화 안정성을 도모할 수 있기 때문에 외환거래량은 우리의 노력에 비례하여 일익 확장되어 갔다.

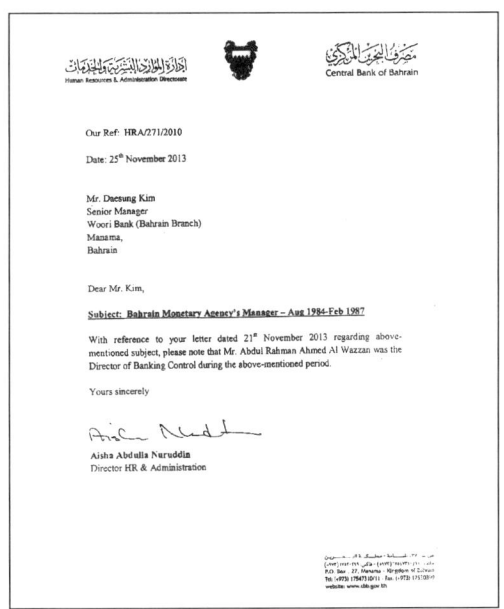

최근 BMA(CBB)의 압둘 라만 국장의 확인 공문

이리하여 외환거래를 통해 수수료 수입을 도모할 수도 있었으니 바로 국제금융거래의 다양성을 체험하는 결실을 얻게 된 것이다. 이러한 은행 실적을 올리는 데는 그 당시 사우디아라비아 NCB 은행의 변함없는 협조가 매우 유익했다는 점을 강조하고 싶다.

나는 바레인 지점장 부임 이후 2년 만에 적자 점포를 흑자 점포로 전환하는 데 성공하게 되었다. 3년 후 임기를 마치고 귀국할 때 후임 지점장에게 흑자 점포를 넘겨주는 순간을 지금도 잊지 못한다.

이와 같은 결실을 맺게 된 이면에는 철저한 현지화 정책으로 문화적 동질화를 추구했고 이것이 현지 성공의 열쇠가 되었다고 생각한다.

능률과 열성을 다하여 업무를 추진하라

국제부장 시절과 비씨카드 전무 시절의 대외 업무 활동 사례

어떤 일을 추진하는 데 있어서 능률적으로 또 열과 성을 다해서 꾸준히 추진하는 것이 무엇보다 중요하다. 그 구체적인 사례로서 내가 가장 힘을 모아 봉직했던 '한일은행'과 '비씨카드' 시절의 몇 가지 사례들을 소개하고자 한다.

은행 간 국제외환업무 경쟁시대의 업무추진

국내은행 최초로 유로CP(기업어음) 1억 달러 발행 성공

바레인 지점에서 3년 임기를 성공리에 끝마치고 1987년 2월 서울 본점 국제부장으로 부임한 후 내가 할 일은 너무나 방대할 뿐만 아니라 난제들도 많았다. 그 가운데 가장 중요한 것은 해외점포들을 통괄하는 일이었다.

해외점포 통괄업무는 은행 고유의 분야로서 기존의 구조와 통괄체제의 틀 아래서 빈틈없이 관리해 나가기만 하면 별 문제는 없으리라고 생각했다. 하지만 다음으로 또 중요한 업무는 국제부의 새로운 영역개발이었다.

마침 이때는 88올림픽 개최를 1년 남짓 남겨둔 시점이어서 올림픽에 온 국민의 시선이 집중되어 있었다. 그러나 경제적 측면에서는 우리나라가 1962년부터 실시해 오던 경제개발 5개년계획 제5차년도(1982~1986년)가 성공리에 끝나고, 제6차 경제개발계획(1987~1991년)을 실시하는 첫 해였다.

이 계획 중에 특히 강조되던 부분의 하나가 '경제의 개방화와 국제화 추진'이었다. 이 무렵 각 은행에서는 '금융업무의 국제화' 추진에 열을 올리고 있었고, 당국에서도 직-간접적으로 주시하고 있던 때였기 때문에 우리 은행에서도 총력을 기울이게 되었다.

그래서 국제부 새 영역 개발을 정부의 '금융국제화' 계획에 발맞추어 해외금시장에서 능동적으로 해외자금 조달을 도모하는 것도 중요한 일이라고 판단하고 국제자금 조달계획을 행장께 품신하여 바로 실행 작업에 들어가게 되었다. 나는 바레인 지점장 재임 시절에 국제금융시장의 각종 거래에서 얻은 노하우를 총동원해서 아시아금융시장에서 활로를 찾아보기로 하였다.

여러 차례 조사와 실무접촉을 한 결과 홍콩금융시장에서 유로CP 조달이 자금의 안정성과 조달비용 면에서 유리하다는 결론을 얻게 되었다. 홍콩 소재 일본계 은행을 주간사 은행으로 지정하고 CP발행 절차에 들어갔는데, 결과적으로 진행이 잘 마무리되어 마침내 미화 1억 달러의 유로CP 발행에 성공하였다. CP는 기업어음(commercial paper)으로서 순전히 발행은행 자체의 신용을 바탕으로 하여 해외시장에서 어음을 발행해서 외화(미 달러화)를 조달하는 방식이다. 그 당시 우리나라 외환보유액이 100억 달러를 약간 상회하는 실정이었으니 대단한 일이 아닐수 없었다. 신문지상에 '한일은행 유로CP 미화 1억 달러 발행 성공'이라는 활자가 전면을 장식할 정도였다.

5대 시중은행 경영평가 최우수상 수상

국제부에서 1년 넘게 일을 하고 종합기획부(경영총괄본부) 부장으로 이동되었다. 부임하자마자 시중은행(당시 5대 상업은행: 조흥, 상업, 제일, 한일, 서울은행)의 경영평가가 가장 중요한 당면 과제임을 알게 되었다.

그 당시 시중은행 경영평가는 한국은행의 '은행감독원'에서 관장하고 있었는데 한일은행에서는 1988년도 경영평가 1위를 목표로 업무추진을 진행했다. 이때 각 은행들은 모두 최선을 다해 경쟁하고 있었는데, 그 경쟁 와중에서 종합기획부장인 내가 그 중심에 있었던 것이다.

나는 행원과 대리 시절에 이미 종합기획부에서 은행경영평가 업무를 맡았기 때문에 실무상의 어려움은 전혀 없었고, 오직 전략적 업무추진만이 그 열쇠가 된다고 생각했다. 당시 시중은행 평가는 은행감독원 주관 하에 엄격한 평가기준과 분석도구로 정밀한 평가가 이루어지고 있었다.

주요 내용은 당시 자금조달의 안정성과 국제성 그리고 여신(대출)운용의 건전성, 부실채권의 현황 및 기타 부분으로 기준을 정하고 평점을 매겨 총점제로 등위를 결정하는 시스템이었는데, 여기서 전년도에 한일은행이 조달한 유로CP가 커다란 호재 역할을 하게 된 것이다.

그 밖에 추진기간 중 각 지점별 추진계획과 전략을 수립하고 각 지점에 실행전략을 시달하고 독려하는 등 실천에 옮기면서 최선의 노력을 기울였다. 이리하여 은행감독원에서 12월 말 각 은행의 연말업적을 마감하여 성적을 평가한 결과, 한일은행이 1988년도 시중은행 종합경영평가에서 1위를 차지하게 되었다. 정말 감격하지 않을 수 없었다.

돌이켜 보건대, 신입행원 시절에 업무를 처리할 때 적극적으로 묵묵히 최선을 다하면서 그 복잡한 분기별 업무계획을 도맡아서 수립 – 분석 – 보고했던 것이 일상 습관화되어 이렇게 좋은 결과를 이끌어 왔는지도 모를 일이다.

신용카드 업무 추진 활성화 및 국제화

34년간 일해 온 한일은행에서 상무이사직을 임기만료로 퇴임하고 비씨카드 전무이사로 부임한 것은 1995년 봄이었다. 이 회사는 5대 시중은행이 공동 출자하여 설립한 은행신용카드 회사이다.

그 후 특수은행과 지방은행이 차례로 회원은행으로 가입함으로써 업계를 선도하는 대형 신용카드회사로 발돋움하여 내가 부임할 당시에는 국내 최대 신용카드회사로서의 위치를 다져가고 있었다. 따라서 여러 은행들이 공동업무를 진행하게 됨에 따라 신속한 의사결정과 과감한 업무추진이 가장 중요한 과제였다.

나의 첫 과제는 ① 내부 업무체계 확립, ② 국내 영업기반 확충, ③ 국제업무 제휴 확대 등 세 가지로 정하고 임기 내에 마무리한다는 목표로 강력하게 추진하였다.

업무체계 확립

비씨카드가 이처럼 11개 회원은행으로 구성되어 있는 거대 회원은행 집단(5대 시중은행, 3대 특수은행, 3대 지방은행)이기 때문에 이 집단을 이끌면서 시시각각으로 변화하는 신용카드시장의 흐름에 맞추어 신속히 전략을 구상하고 의사결정을 하려면 여간 힘든 일이 아니었다. 심지어 상품을 새로 개발하려면 열한 개 은행 신용카드 사업부를 1주일 넘게 뛰어다녀도 불가능한 게 현실이었다.

따라서 찾아다니면서 의사 결정하는 방식에서 탈피하여 비씨카드 본사 회의실에 열한 개 담당 책임자들을 모이게 하여 안건을 처리하고 신속하게 의사결정을 하지 않으면 안 된다는 생각에 즉시 실행에 옮기기로 했다.

각 회원은행 담당임원 회의를 소집하고 그 자리에서 비씨카드 본부에 회원은행들을 대표하는 '특수전략팀'을 구성할 것을 제안했다. 모두 찬성을 표했기에 긴급시 상시 의사결정기구 기능을 하는 '전략팀' 체제로 운영하기로 하고, 회원사의 내부 결제 동의를 얻어 바로 실행에 옮겼다. 그 결과 엄청난 성과를 거둘 수 있었다.

국내 영업기반 확충

비씨카드는 회원은행들이 많기 때문에 거대한 그룹이었다. 따라서 어떤 목표를 세우고 신속하게 행동으로 옮기는 데는 시간이 걸리고 난제들도 많았다. 그래서 중요 핵심 전략적 업무는 비씨카드가 직접 뛰어다니면서 업무영역 확장을 해야 했다. 그 첫 번째 열매가 각 행정 구역마다 제휴카드망을 확장하는 것이었다.

그리하여 국내 각 지방 도와 시 등 행정구역에 각종 업무별 업무협정을 체결하고 제휴카드 발행을 추진하여 카드 인지도를 넓혔고, 정부기관을 주 대상으로 첨단 IC카드 보급에 총력을 기울이는 등 업무확충에 노력을 경주하였다. 여기에는 당시 비씨카드 M사장님의 광범위한 정책적 전략과 열성적인 업무추진력이 뒷받침되었기 때문에 약진할 수가 있었다.

행정기구 외에 국내 주요 의료기관과 카드제휴협정을 맺는 데에도 역량을 다 했다. 그리하여 국내 90여 개 종합병원과 신용카드 수납 업무 협약을 체결하여 국민보건 행정 분야에 크기 기여하는 등 활발한 업무영역 확충이 이루어졌다. 이렇게 총력을 기울인 결과, 1996년 1월 22일 비씨카드가 국무총리 단체표창을 받는 영광을 얻게 되었다.

국제업무 제휴 확대

이 무렵에는 국내 신용카드시장뿐만 아니라 마스터카드와 비자카드 등 미국계 국제카드가 글로벌 신용카드 시장을 주름잡고 있으면서 한국시장에도 진입하고 있었다. 이때 비씨카드는 이들 2대 국제카드사들과 발 빠르게 제휴함으로써 국제카드 발행 등 훗날 세계시장에 진입하는 발판을 마련하게 되었다.

비자카드 이사 선임장

국제카드사와 여러 가지 역할을 공유하면서 각종 국제카드 연차대회에 참가하여 시장공략에 공동으로 대응하는 전략회의에도 직접 참석하고 정보도 공유했다. 그 결과 국제카드시장의 발전기에 공동역할을 하게 되었고 국내 카드시장도 이들과 발맞추어 세계시장에 진입할수 있었다. 나는 마스터카드 국제이사와 비자카드 아태지역 이사로서 공동의 노력과 업무활동을 했는데, 그 후 일본 최대 은행계 카드회사인 JCB 카드와도 제휴를 함으로써 명실공히 비씨카드는 국제카드사로서의 위상 정착에 순탄하게 진입할 수 있게 되었다.

이리하여 내가 임기만료로 퇴임하던 1998년의 비씨카드 실적은 연간카드 이용액 누계액이 25조 1607억 원으로 전년도의 20조 6637억 원 대비 4조 4970억 원이 증가해 22%의 신장세를 나타냄으로써 국내전체 카드사 실적의 40% 가까운 카드시장 점유율을 달성하게 되었다.

이 실적을 나의 부임 직전인 16조 원과 비교한다면 무려 57.3%의 증가율을 올린 것이다. 이 내용은 그 당시 일부 경제신문에 '비씨카드 고객만족경영으로 제2도약 달성' 이라고 크게 보도되기도 했다.

이와 같은 성공적인 결과를 가져오게 된 저변에는 신입행원 시절의 업무처리 과정에서 습득한 '열성을 다해 최선의 노력으로 목표를 향해 전진하는 습관' 이 이루어 낸 결과라고 믿는다.

소극적 · 비능률적 업무자세에서 초래되는 사례들

일을 하다 보면 주변에 여러 가지 사례들을 경험하게 되는데, 그 가운데 우리들의 습관과 관련해서 일어난 안타까운 사례들을 몇 가지 소개하고자 한다.

이들 사례는 모두가 공통적으로 소극적 자세가 그 특징이다. 한참 일할 나이에 항상 불만, 불평, 어려운 일에서 빠지기, 중요한 일을 손쉽게 넘기기 등등 이해할 수 없는 태도와 습관을 가지고 있는 경우를 볼 수 있다.

첫 번째 사례

S씨는 국내 Y대 법과를 졸업하고 행정고시에 합격하여 H은행에 취직하였다. 그는 은행에서 고시합격자 자격으로 특별 우대를 받게 되어 대략 2개년 정도 기본호봉의 가급으로 입행하게 된 우수 인재였다.

그런데 주변에서 바라던 기대와는 달리 업무에 대한 태도가 항상 불만, 불평, 어려운 일에서 빠지기, 중요한 일을 손쉽게 넘기는 등 소극적 자세로 일관하는 것이 아닌가!

결국 2년을 근무하다가 퇴직하고 정부부서 사무관으로 자리를 옮겨가고 말았다. 그런데 그것이 끝이 아니었다. 그는 그 당시 민원부서에서 근무했는데, 복잡한 사건으로 인해 결국 사표를 내고, 어느 제약회사 임원으로 옮겨 가 얼마 동안 일을 계속했다. 그러나 그곳에서도 소극적 업무자세는 그대로였는지 결국 그곳에서도 퇴사를 한 것으로 알려졌다. 그 후 그의 소식을 알 길이 없게 되었다.

두 번째 사례

Y씨는 역시 국내 유수 대학인 Y대 상과를 졸업하고 H은행 본점 영업부 통장 예금계에 배치를 받았다. 그런데 재학시절부터 연예계에 늘 흥미를 가지고 있었기 때문에, 은행창구 업무 중에도 늘 타임지(TIME) 연예란만 읽었다. 복잡한 은행현장의 업무 처리는 자연스레 대충대충 처리하게 되었다.

하루는 마감시간(오후 4시)이 가까워짐에 따라 바쁜 시간이 흐르고 있었다. 옆 빌딩의 백화점(미도파 백화점) 상인들이 그날 판매대금을 모아서 은행창구로 입금하러 오기 때문에 눈 코 뜰 새 없는 시간대였다.

이 당시에는 통장에서 돈을 찾아가는 고객에게는 은행에서 준 번호찰(표)을 받고 현찰을 내주어야 하는데, Y씨는 번호표도 회수하지 않은 채 현찰과 출금전표(예금환급청구전표)를 함께 내주고 말았던 것이다. 이 상황을 쉽게 설명하면 창구 앞에 온 손님(예컨대, "15번 손님!"하고 호명하면 "네!"하고 창구 앞에 손님이 온다)에게 받을 것은 받지 않고, 그냥 현찰 뭉치만 내어 준 것이다. 한 손에는 타임지를 펼쳐서 읽으면서 말이다.

그날 오후 늦게 업무마감을 하니 출금총액과 장부상 현찰시재금 간에 차액이 발견되었고 부족금이 발생하였다. 부족금은 은행 내규에 따라 담당자가 변상하게 되어 있는데 정말 딱한 결과를 초래하게 되었던 것이다.

1970년 초에는 은행의 입출금 처리업무가 지금처럼 실시간으로 전산 처리되는 것이 아니라, 오후 4시 은행업무 마감시간이 되어야만 수작업에 의해서 주판으로 일괄 합산을 하게 돼 있어 원인 규명(그 고객이 직접 창구에 나타나서 번호찰과 예금환급청구전표를 반환하지 않는 한)이 매우 어렵게 되어 있는 시스템이었다.

어떤 일을 처리할 때는 열과 성을 다해서 그 일을 정확하게 처리하고 마무리해야 한다는 것은 은행원의 기본자세이다. 결국 그는 몇 년 후 수원 지점 대리로 승진하여 부임하기는 했으나, 얼마 안 되어 퇴직하고 말았다. 그러나 그는 평소 소망하던 연예계에 이름이 오르지도 못했고, 그냥 소식도 끊어지고 말았다.

세 번째 사례

L씨도 국내 유수 대학인 K대 상과를 졸업하고 입행시험에 합격하여 본부 부서에 배치된 신입행원이었다. 담당업무가 극히 단순하고 계산 처리하는(주판을 잘 놓아야 하는 번거로움이 있었음) 본부 일을 늘 불만스럽게 여기고 상급자에게 토로하면서 소극적인 자세로 일관하다가 몇 년 안 되어 사표를 내고, 미국으로 이민을 떠나고 말았다.

대개 미국으로 이민을 가더라도 국내와 연락이 닿기 마련인데 L씨의 경우는 영영 소식이 끊기고 말았다.

지금까지 소개한 사례들을 되돌아볼 때, 우리는 여기서 이들의 실패 사례를 교훈으로 새기고 반면교사로 삼아서 이와 같은 사태가 결코 일어나지 않도록 철저히 대응해야 할 것이다. 따라서 평소부터 열과 성을 다하여 적극적이고 능률적인 업무자세를 확립하는 습관이 마련되어야 한다고 당부하고 싶다.

Chapter 2

인생은 100년을 살아갈
긴 여정(旅程)

'성공'이라는 '꿈'이 이루어지는
종착역을 향하여…

인생의 4단계 '설계도'

요즈음 어느 일간지에 '6075 신중년'이라는 기사가 시리즈로 게재되면서 큰 반향을 일으키고 있다. '신중년'(新中年)이란 '60세에 직장을 은퇴한 후 75세까지 활동하는 노령 인구층'을 가리키는 신조어이다. 다시 말해서 새로운 인생계층이 등장한 것이다.

그런데 여기서 오해하기 쉬운 것은 '6075 신중년'이라는 개념을 생존여명(生存餘命)과 같은 뜻으로 혼동해서는 안 된다는 것이다. 다시 알기 쉽게 말하면, 이 '신중년'의 개념은 은퇴(60세)한 후에도 쉬지 않고 제2인생 활동을 하는 연령층(75세까지)을 의미한다.

은퇴가 인생을 마감한다는 뜻이 아니라는 것이다. 바꾸어서 말하면, 제2의 인생활동기인 그 15년을 75세에 두 번째로 마감하고 그 이후(75세 이후)의 나머지 기간(생존여명을 다하기까지)의 제2의 설계는 여전히 따로 남아 있다는 뜻을 내포하고 있는 것이다. 현재 기대평균수명이 매년 증가하고 있는 추세 속에서 새겨 놓아야 할 전제이기도 하다.

세분해서 정의하자면, 앞으로 우리 인생은 제1차 은퇴(60세) 후, (향후 期待壽命을 100세까지 전제할 때), 40년간을 제2활동 기간과 비활동 기간으로 다시 양분해서 논해야 되고, 그렇게 되면, '6075 신중년' 뿐만 아니라 '6080', '6085'··· 이후까지도 연장선상에서 논의를 계속해야 될 것으로 본다. 정말로 우리가 생각하는 것보다 기나긴 인생 여정(旅程)이다.

인생의 설계도는 사람이 이 세상에 태어날 때부터 시작된다. 우리가 태어나서 이 세상을 하직할 때까지의 긴 여정(길)을 어떻게 밟아 나가야 할 것인가에 대하여 구체적인 그 길을 설계하는 일이 무엇보다 중요하다.

개인적인 인생의 설계도를 그려볼 때 그 바탕으로 활용되는 것이 경제분야 또는 경영분야에서 흔히 등장하고 있는 유명한 '생애주기가설'(life cycle hypothesis theory)이다. 여기에는 (1) 유년기 (2) 성장기(청소년기) (3) 성숙기(중장년기) (4) 쇠퇴기(노년기)로 분류되어 있다. 따라서 인생 설계도도 이 네 가지 단계에 맞추어서 서술할 수 있는데 참으로 험난한 '길'이 이어지게 된다.

유년기(幼年期)

사람은 태어날 때부터 부모의 모든 인자(DNA因子)를 물려받아 이 세상에 고고(呱呱)의 함성을 울린다. 그 뿐만 아니라 부모의 생활수준에 따라 그 성장환경을 달리하게 된다. 생활습관, 사고방식, 행동능력, 학습태도, 가치관 등 다음 단계에서 필요로 하는 기초여건을 유년기에 형성하게 되므로 일평생의 기본 설계구도의 틀이 서서히 형성되는 시기이다. 그러나 본격적으로 자기 자신의 '인생 설계도'를 스스로 설계하고 꾸려 나가기 시작하는 것은 다음 단계인 성장기에서부터 시작된다고 보아야 할 것이다.

성장기(靑少年期)

성장기는 유년기에서 장년기(성인)로 전환하는 과도기이며, 대략 13세부터 23세의 기간이 이에 해당한다. 청소년기는 다시 '청소년 전기'(前期)와 '청소년 후기'(後期)로 나뉘는데, 전기는 급속한 신체변화, 인지발달기간(13~18세)이고, 후기는 자아정체성확립, 성인생활준비 등을 위한 과제의 집중시기(18세 이후 23세)이다.

청소년 전기는 바로 사춘기로서 신체적 측면으로나 성(性)적으로나 정서적으로나 미성숙단계이다. 심리적 측면에서는 인지적 발달단계인 동시에 도덕과 이상의 발달단계이기도 한 것이다. 따라서 자아형성기에 접어드는 시기이다. 사회적 측면에서는 예민한 시기이며, 가족관계 및 교우관계에서도 다양한 변화가 야기되는 시기이기도 하다.

청소년 후기는 자아정체성을 나타내는 시기이다. 이 정체성은 그동안 내면화되어 있는 가치체계를 더 개발하고 직업 결정을 하는데 상당한 노력을 요구하는 대목이다. 또한 후기에 있어 가장 중요한 대목은 직업선택이며, 인생의 중대한 과업 중 하나라 할 수 있다.

자신에 대한 분명한 이해는 무엇보다 자아정체성이 형성되어야 가능해진다. 직업선택은 개인이 자신에 대한 개념을 규정하는 과정이며 그 직업에 의해 타인이 그 사람을 확인하고 판단하기 때문에 이른바 '직업정체설'이 등장하는 것이다. 따라서 성장기(청소년기)야말로 인생 여정에서 가장 중차대한 노선 선택 결정기라 할 수 있다.

이 시기에 중·고등학교·대학교를 다니게 되고 각 학교에서 자기 완성의 단계를 밟아 가게 된다. 그리고 그 결과에 따라 인생의 '꿈'을 이루게 되는 것이다. 즉, 인생행로가 결정되는 시기이기도 하다.

장년기(中·壯年期)

장년기는 학업을 마치고 사회 진출에 성공하여 사회 활동을 하는 단계이다. 전단계는 장년기에 해당하며, 후단계는 중년기에 해당하지만 여기서는 양자를 구분하지 않고 한꺼번에 이야기하기로 한다.

청운의 뜻을 품고 대학에 진학할 때, 인생의 제1단계 '꿈'이 이루어지게 된다. 인생의 제1관문을 통과하는 순간이다. 우리는 평생 동안에 수없이 많은 관문을 통과하게 된다. 중학교 입학 배정, 고교 진학, 대학 입시 합격, 신입사원 채용시험 합격, 또는 공무원 채용시험 합격, 계층별 승진시험 합격, 결혼식, 좋은 직책의 인사발령, 지점장(지사장) 및 부장 발령, 임원 승진 또는 전무 승진, 사장 발탁 발령, 또는 과장, 국장, 차관보 승진, 차관 발령, 또는 장관 임명… 등등 한도 없고 끝도 없어 보인다. 마치 인생의 정상을 오르는 것처럼 말이다.

이처럼 인생의 활발한 활동기이며 황금기가 바로 이 장년기인 것이다. 자기 노력의 결실이 맺어지는 최고의 시기이며, 앞서 말한 '생애주기가설'에서 맨 처음 유년기와 맨 나중 쇠퇴기(노년 은퇴기)의 두 기간을 부담할 생활자원을 이 장년기 동안에 모두 벌어서 적립하는 가운데 정산해야 할 무거운 책무를 지니게 되는 시기이기도 하다. 물질적으로(경제적으로) 충분하고, 정신적으로도 만족스러운 상태를 유지할 총자원을 마련해야 하며, 확실한 인생설계 밑에 총자원에 대한 주도면밀한 준비와 실천이 뒤따라야 할 것이다.

노년기(은퇴기: 隱退期)

IMF 경제위기(1997~1998년) 이전까지만 해도 취업이 제일 큰 문제였지 은퇴는 생각 밖의 일이었다. 일자리가 우선 급했기 때문이기도 했지만 그 당시 기대수명이 60세 미만인 데다가 그것이 그다지 부각되지 못했기 때문이기도 했다.

따라서 은퇴 후 제2인생의 설계는 대부분이 생각하지도 못했던 게 우리의 실정이었다. 그러나 지금은 사정이 다르다.

통계청(KOSIS 2011)의 자료에 따르면, 정년연령(55세~60세)의 기대여명은 현재 55세인 경우 남자가 25.55년, 여자는 31.13년(평균 25.58년)이며, 60세는 남자가 21.4년 여자는 26.47년(평균 24.21년)이 남아 있다.

생애주기가설 제4단계의 노년기(은퇴기)는 요즘 들어 더 빨라지고 있는 추세이기는 하지만 60세에 퇴직한다 해도 앞으로 20여년(남자) 또는 26년(여자) 이상을 소득(수입)없이 살아가야 한다. 두 경우를 평균해서 약 4반세기를 더 살아가야 한다는 뜻이다. 이 기간은 인생의 황금기인 장년기의 활동기간 약 30년(30세→60세, 또는 25세→55세)에 육박하는 또 다른 세월이다. 이 얼마나 놀랍고 중대한 현실인가.

이러한 제2기 인생 설계도 인생 제1기(성숙기 및 중·장년기)의 그것 못지않게 미리 대비해 놓아야 할 과제인 것이다.

목표를 알면 성공이 보인다

목표와 성공의 관계

우리의 삶에 있어서 인생의 목표를 뚜렷하게 설정하는 것이 무엇보다 중요하다. 「피그말리온 효과」*(Pygmalion effect: '간절히 원하는 일은 반드시 이

---

* 그리스 신화의 '피그말리온' 이야기에서 비롯한 말이다. 지중해의 섬에 피그말리온이라는 젊은 조각가가 살고 있었는데 외모가 떨어졌기 때문에 여인들의 주목을 받지 못하는 처지로 사랑에 대해서는 체념한 채 오로지 조각에만 열중하고 있었다. 그러나 자신은 언젠가는 사랑을 얻을 수 있을 것이라는 희망과 기대를 가지고 심혈을 기울여 여인의 나체상을 조각했다. 그 조각은 누가 보더라도 완벽한 여인상이었고 시간이 지나면서 그는 그 여인상에 대해서 연민의 감정을 가지게 되었으며 나중에는 사랑의 감정으로 싹터갔다. 그래서 그는 매일 꽃을 꺾어 여인상 앞에 바쳤다. 그러던 어느 날 섬에서 축제가 벌어졌고 거기서 피그말리온은 신께 그 여인상을 사랑하게 되었노라고 하면서 아내로 삼게 해달라고 간절히 빌었다. 기도를 마치고 집에 돌아온 피그말리온은 여인상의 손등에 입을 맞추었는데 그 여인상의 손에서 온기가 느껴지기 시작했고 그 기적은 따뜻한 체온까지 감돌게 함으로써 마침내 신의 가호로 그 조각상은 진짜 살아 있는 여인으로 변하게 되었다. 이에 피그말리온은 그녀와 결혼을 하게 되었다는 이야기이다. 교육학에서는 이 신화에서 따온 '피그말리온 효과'라는 용어를 사용하는 경우가 있다. 이는 교사가 어떤 학생을 '우수할 것이다'는 기대감으로 가르치면, 그 기대를 받은 학생은 다른 학생보다 더 우수하게 될 확률이 높다는 이론이 있다. 무슨 일이든 기대한 만큼 이루어진다는 것을 말하는 것이다. 심리학에서도 이것과 유사한 내용의 '피그말리온 효과'가 있다. 지극히 평범해 보이던 학생이 선생님의 한마디로 크게 분발해서 우수한 학생으로 변하는 경우를 의미하는 것이다. 즉, 관심과 기대감을 갖고 칭찬을 해주면 그 학생은 용기와 자신감을 가지게 되어 분발하게 된다는 것이다. 교육학자 로젠탈 제이콥슨의 실증연구결과(논문)도 같다. 1968년 샌프란시스코의 한 초등학교의 전교생 지능검사 사례(무작위 선정 우수학생 명단 발표 후, 이 학생들의 성적 관찰)에서 나온 결론인데, 누군가에 대한 사람들의 믿음, 기대, 예측이 그 대상자에게 그대로 실현되는 경향을 "피그말리온 효과"(Pygmalion effect)라고 불렀다. 이는 자기충족적 예언, 어떻게 행동하리라는 주위의 예언이나 기대가 행위자에게 어떤 영향을 주어 결국 그렇게 행동하도록 만든다는 이론이다.

루어진다'는 효과)에 따라 뚜렷한 목표를 세우면, 목표 달성을 이루게 되고 나아가 그 시간도 단축시키는 효과가 있다. 그리고 그 뚜렷한 목표는 바로 간절히 원하는 '일'들이 전제적으로 있어야만 가능하다.

목표가 없는 사람은 방향키가 없는 배와 같다. 그 배는 표류하거나, 그냥 멈추어 떠 있거나, 절망과 패배와 낙담의 해변에 도착하거나 할 것이다. 기나긴 인생 여정을 항해하면서 목표가 없다는 것은 항해 그 자체를 포기하는 것과 같기 때문이다.

나는 인생 초년기에 두 번이나 실의(失意)에 찬 방황기를 보내야 했다. 첫 번째 방황은 유년기로 취학 연령이 되어 동갑내기들은 초등학교에 입학했는데 나는 집안 사정으로 입학을 못하고 집에서 가사 일을 도와야 했다.

두 번째 방황은 초등학교 졸업 후 역시 상급학교(중학교) 진학을 포기해야만 했던 어려웠던 사정이 그것이다. 모두 재정 사정으로 그렇게 되었다. 그런데 이 실의의 기간 동안 대안을 찾아 난국을 풀어 나가게 된 것은 지금 생각해도 꿈만 같다.

'배운다는 것', 이것을 우리는 '학업'이라 한다. 어린 나이에 학업을 포기한다는 것은 비참함 그 자체이기도 했다. 나중에 커서 알게 된 것이지만, 여기서 '포기하지 않는 한, 나는 실패하지 않는다'라는 사실을 깨닫게 된 것이다.

앞서 말한 두 가지 사건에 대해서 간단히 언급하고 지나가야 할 것 같다.

첫 번째의 경우, 초등학교 미취학 시절에 어려운 가정 형편 가운데서도 어머니의 보살핌으로 동네 서당(書堂)에서 한문학습을 할 수 있게 되었다. 서당 선생님은 집안 먼 친척 할아버지뻘 되시는 어른이신데 동네에서 존경을 받는 분이셨다.

우선 천자문(千字文)부터 시작해서 명심보감(明心寶鑑)까지 근 1년 만에 떼었다. 서당에서 붓글씨 쓰는 것도 재미있었고, 천자문의 경우, 앉아서 책을 보고 음운을 소리 내어 크게 읽어 내려가다가 나중에는 그냥 외우면서 어깨는 좌우로 약간 흔들고 소리의 고저(高低)를 맞추는 일이 무척 흥미롭고 신기하였다.

열심히 노력하여 천자문을 끝내고 나니 굉장히 기쁘고 자랑스러웠다. 그 다음 단계는 동문선습(童文先習)인데 선생님께서는 이를 생략하고 바로 명심보감으로 들어가도 되겠다고 말씀하셔서 학습과정을 건너뛰었다. 명심보감은 수준이 높기는 하나 내용이 재미있고 공자님과 같은 옛날 성현의 교훈을 마음속에 새기게 되니 보람되고 한편으로는 든든하기까지 했다.

명심보감을 공부하면서 '공자님은 얼마나 학문에 대해 훌륭한 분이었을까?'라는 생각이 들기도 하였다. '학문에 조예가 깊으면 후세에까지 오래도록 존경을 받는구나!' 어린 나이지만 이런 생각이 어렴풋이 떠오르기도 했다.

결국 나는 2년 뒤에 또래들이 다니고 있는 초등학교의 3학년에 특별전형으로 편입하게 되어 첫 번째 꿈을 이루게 되었다. 지금도 그때 웃으시면서 나를 따뜻하게 반기시던 첫 담임인 안(安) 선생님을 잊을 수가 없다.

두 번째의 경우는 상급학교(중학교) 진학의 꿈을 2년 만에 이루게 된 일이다. 초등학교 졸업 후 집안 사정으로 상급학교 진학을 포기하고 농사일을 계속하면서도 나는 검정시험에라도 응시해서 언젠가는 반드시 진학을 하겠다는 결심을 하였고, 이 생각을 어머니께 말씀드렸다. 그러고는 서울에서 발행되는 '중앙통신강의록'(中央通信講義錄)으로 독학을 하겠다고 했더니 흔쾌히 허락하시고, 첫 달 대금(1권)을 납부해 주셨다. 감사하기 그지없었다. 이로써 중학교 과정을 독학으로 공부하기 시작했다. 우편배달 아저씨가 가져다주는 강의록을 매달 기다리는 게 나의 커다란 기쁨이요, 또한 보람이었다.

그때는 강의록과 함께 '뉴스지'(誌)도 보내 왔는데, 한번은 그 뉴스지에 어느 독학생의 체험담이 게재되어 있어서 유심히 읽게 되었다. 독학으로 사범학교에 진학한 후 소정의 학업을 마치고 초등학교 선생님으로 부임했다는 소식이 실려 있었다. '나도 체험담의 주인공처럼 선생님(우리 안 선생님처럼!)이 되었으면 좋겠다'는 생각을 하였다.

미국의 어느 저술가는 "목표는 커야 한다"라고 역설하고 있다. 그러나 나는 여기에 무조건 동의하기보다는 목표는 진화(進化)해야 한다고 말하고 싶다. 처음 목표는 작을 수 있지만 세월과 경험을 쌓으면서, 시간이 흐르면서, 그 목표는 커질 수 있고 생활환경, 즉 인생 생태계에 걸맞은 진화를 거듭해서 최적의 높고 먼 목표에 도달할 수 있게 되는 것이라고 믿는다.

그러나 그 저술가는 "목표는 장기적이어야 한다"고 말하는데 나는 여기에는 전적으로 동의한다. 왜냐하면 사람은 장기적인 목표가 없으면 단기적인 좌절을 극복하지 못할 뿐만 아니라 감당하지도 못하게 된다. 성공을 위한 목표를 향해 떠나는 먼 여정을 앞에 두고 가로막는 큰 장애물은 바로 나 자신이기도 하기 때문이다.

학업성취라는 하나의 멀고 큰 목표를 향해 달려갈 때 환경 때문에 그 목표를 포기해 버린다면 나 자신이 거추장스러운 장애물로 낙오되어 버리기 때문이다. 또한 '포기하지 않는 한, 실패도 하지 않는다' 라는 개연성이 기대되기 때문이기도 하다.

성공이란 무엇인가? 「탈무드」에는 '성공' 에 이르는 '길' 을 다음과 같이 서술하고 있다.

사람들은 이 세상을 떠나기 전까지 자신이 원하는 것의 절반도 이루지 못한다. 10달러를 가진 사람은 20달러를 갖고 싶어 하고, 20달러를 가진 사람은 40달러를 갖고 싶어 하기 때문이다. 기회를 억지로 잡고자 (준비 없이) 하는 사람에게는 기회가 빗겨가고, 기회에 복종하는 사람(준비하는 사람)에게는 기회가 찾아온다.

결국 성공은 완성된 '결과' 라기보다는 그것을 향해 꾸준히 쉬지 않고 준비하면서 달려가는 연속되는 도전의 '과정' 이라고 정의할 수 있다.

목표는 왜 필요한가?

목표는 확실해야 한다

우리는 목표를 가져야 한다. 그것도 목표 달성을 위한 프로그램과 함께 만들어야 한다. 확실하고 정확하게 그리고 분명하게 목표를 세우지 못한다면 그 목표는 달성하지 못하게 될 것이다. 목표 없이 어떻게 무엇을 달성한다는 말인가?

목표가 없는 사람은 방향키가 없는 배와 같다. 그는 배를 조정하는 게 아니라 조류에 따라 흘러갈 뿐이다. 결국 그는 낯선 바닷가에 불시착해서 절망과 패배감에 빠지면서 낙담하고 말 것이다.

프랑스의 어느 학자가 쐐기벌레가 행진하는 것을 실험했는데, 이 벌레들은 선두 벌레가 한 방향으로 행진하면 나머지 벌레들은 맹목적으로 뒤만 따라가는 독특한 행진을 하는 습관이 있으므로 '쐐기행진벌레'라고 불리고 있었다.

그런데 이 벌레들을 화분 둘레에 원을 그리면서 행진하도록 유도 배열해 놓고, 맨 앞에서 행진하는 쐐기벌레가 마지막 쐐기벌레 뒤를 따라가도록 해놓았다. 그리고 화분 중앙에는 행진하는 쐐기벌레의 먹이인 솔잎을 꽂아 두었던 것이다. 쐐기벌레들은 이 원형의 화분 주위를 돌기 시작했는데, 밤낮을 가리지 않고 계속해서 원을 그렸다고 한다.

일주일 내내 화분 주위를 돌았던 쐐기벌레들은 마침내 굶주림과 피로로 죽기 시작했다. 눈앞에 맛있는 먹이를 두고도 굶어 죽었다. 그 이유는 목적 없이 단순히 움직이는 것을 계속했기 때문이다.

이 사례에서 볼 수 있는 것과 같이 많은 사람들도 이와 같은 실수를 함으로써 원래보다 훨씬 적은 양만 수확하기도 한다. 바로 코앞에 숨은 보물이 있는데도 아무 생각 없이 남을 따라 미지를 향해 나아가기 때문에 그들이 얻은 것은 거의 없다. '원래 그렇게 했으니 그렇게 한다'는 이유에서다. 그 이유 하나만으로 우리는 방법과 과정을 따르게 되는 것이다.

사람들이 성공을 하지 못했다고 해서 그들이 실패 계획을 세웠을 리만무하다. 하지만 그들이 아무 계획도 세우지 않았든 게 진짜 문제이다. 그 정도로 목표라는 것이 중요한데 우리들은 왜 평균 극소수(약 3% 정도)만 목표를 세우는 것일까?

근본적인 이유를 꼽으라면 여기에 네 가지가 있다. 첫째, 이들은 설득을 받은 경우가 없었기 때문이다. 둘째, 이들은 방법을 모르기 때문이다. 셋째, 이들은 자신이 세운 목표를 달성하지 못하면 곤란해질 거라는 두려움 때문이다. 넷째, 초라한 자기 이미지에 원인이 있다.

우리는 인생을 살아가면서 보다 나은 생활과 물질적 정신적으로 자기 만족도를 끌어올리기 위해서 목표를 세우고 그 목표를 달성하기 위해서 실천을 해야 한다.

이렇게 되면 우리는 두려움을 느낄지도 모른다. 여기서 두려움을 분석해 보기로 하자. 두려움이 문제가 된다는 건 친구나 남 앞에서 자신의 잘못된 모습을 보여 준다는 수치심 때문일 수도 있다.

사람들은 제대로 하지 않으면 자기의 목표를 수립하거나 기록하지 않는다. 이들은 목표를 세우지 않았기 때문에, 더 정확히 말해서 '실패한 것이 아니다'라고 변명을 한다. 정말 '안전하고 위험부담 없는' 방법이지만 자신들의 잠재력이나 능력들은 전혀 무시된다는 사실을 모른다. 이와 마찬가지로 배가 항구에 정착하거나, 비행기가 착륙하면 '안전하다'고 할 수 있다. 왜냐하면 배가 항구를 떠날 때, 비행기가 이륙할 때 비로소 위험부담이 생기기 때문이다. 그렇지만 한편으로 배가 항구에만 정박해 있으면 더 빨리 훼손되고, 비행기도 지상에만 있을 때 더 빨리 녹슬 수도 있다.

확실히 그렇다. 목표를 세우는 데는 분명히 위험도 있지만 목표를 세우지 않았을 때에 따르는 위험부담은 그와 비교할 수 없을 정도로 크다. 그 이유는 항해하기 위해 배를 만드는 것처럼, 비행하기 위해 비행기를 만드는 것처럼, 사람 역시 목적(목표)을 가지고 태어났다. 그 목적(목표)이란 가능한 한 당신의 자질을 이용해서 '꿈'을 이루고 인류에 기여하는 것이다. 목표가 있으면 자신과 남을 위해 더 많은 일을 할 수 있다.

목표는 누구를 위한 것인가?

목표란 한 마디로 계획을 말한다. 즉, 해야 할 일을 말한다. 당신이 누구든, 어디에 있든, 무엇을 하든 간에 당신은 목표를 가져야 한다. 어떤 상점의 주인이 어떤 관계자에게 점원 한 명을 추천해 줄 것을 요청하면서, "목표가 뚜렷한 점원 한 명을 보내 주세요. 역사를 만들어 갈 위대한 사람으로 만들어 보내 드릴 테니까요. 목표가 없는 점원을 보내 주시는 경우는, 단순히 점원일 뿐인 사람으로 만들어 보내드리지요."라고 말했다.

인생은 소중한 것이다. 양로원과 요양원에서 일어나는 재미있는 현상이 있는데, 그것은 결혼기념일, 생일, 크리스마스 같은 특별한 날이나 휴일이 시작되기 직전에는 환자들의 사망률이 급감한다고 한다. 많은 사람들이 한 번만 더 결혼기념일을, 한 번만 더 크리스마스를, 한 번만 더 생일을 보내자는 목표를 세워 두었기 때문이라 한다. 그러나 그 특정 날짜가 지나 목표를 달성한 후에는 살고자 하는 의욕이 감퇴하고 사망률은 다시 치솟게 된다는 말이 있다. 이처럼 인생은 소중한 것이며 무언가 중요한 목표가 있을 때에만 지속될 수 있다.

삶의 목표가 중요하다는 말은 다들 아는 사실이다. 그렇지만 사람들은 선택이나 무관심에 따라 '의미 있는 구체성'을 갖추기보다는 '두루뭉술한 잡다한 상식'을 갖춘 채 삶을 허비하면서 살고 있다.

목표가 없으면 게임도 없다. 그래서 목표는 아주 중요하다. 목표는 바로 여러분을 위한 목표이다. 목표 없이 인생이라는 게임에 참가할 것인가? 게임에 참가한다면 점수는 몇 점을 바라는가?

이는 오로지 여러분의 결심과 선택에 달려 있다.

목표는 어떻게 설정하나?

포괄적으로 크게 목표를 설정해야 한다

최고의 성과를 올리기 위해서는 목표가 포괄성을 가져야 한다. 어떤 단순목표 하나만을 설정해 놓고 다만 그 목표 하나의 달성여부로 간단히 성패를 귀결시키고 만다면 그 목표는 바로 한계점에 다다른 것이 되어 그걸로 끝나고 마는 것이다. 그리고 목표 설정의 진정한 의미도 없어진다.

포괄성 있는 종합목표인 경우는, 그 가운데 어느 부분은 약간 미달했지만, 다른 부분은 초과 달성인데 종합해서 평가할 때 대체적으로 우량한 편이라고 결론을 지을 수 있을 때, 다시 재도약이 가능하게 되는 것이다.

인생의 목표는 포괄적이고 흥미 있는 것일수록 좋다. 사람은 포괄적인 인생목표를 향해 살아가면서 어떤 것을 얻을 수 있는지 결정해 준다.

예를 들어 보자. 여기에 한 개의 철(鐵) 조각이 있다. 그 철 조각을 가져다가 문을 고정시키는 문고리로 만들어서 사용한다고 하자. 그러면 그 철의 가치는 1,000원 내외가 될 것이다. 그런데 그 용도의 범위를 달리해 보는 것도 생각할 수 있을 것이다.

그래서 이번에는 그 철 조각을 더 다듬어서 말편자를 만들어 낸다고 하면 그 가치는 아마도 5만 원 이상으로 높아지게 된다. 그런데 이번에는 그 철 조각을 불순물을 제거하고 강철로 만들어서 로렉스 같은 명품 시계의 부품 재료로 사용한다면 그 가치는 정말 어마어마하게 변화하게 된다.

여기서 우리는 철 조각을 어떻게 다듬고 다스리느냐에 따라 다시 말해서 어떻게 그 가치의 포괄성을 설정하느냐에 따라 그 가치의 차이는 경우에 따라 이루 말 할 수 없이 벌어지게 된다는 사실을 발견하게 된다. 즉, 목표의 포괄성의 깊이는 커진다.

우리 인생에 있어서도 똑같은 환경에서 똑같은 인생 여정을 걸어오는 데도 사람에 따라 그들은 결과적으로 그 여정의 도착지가 천차만별인 것을 볼 수 있는 이치가 바로 여기에 있다.

목표는 장기적이어야 한다

장기적인 목표가 없으면 잠깐 동안의 실패로 좌절감에 빠지기 십상이다. 왜냐하면 사람들이 당신의 성공 여부를 단기간까지 흥미를 가지고 추적하지도 않을 뿐더러 관심도 보이지 않을 것이기 때문에 그 수립된 목표 설정은 자동 폐기되고 말 것이다.

여기서 타인들이 잠시 당신의 성공의 길을 가로막을 지도 모른다. 그러나 가장 큰 장애인 동시에 방해자는 바로 당신 자신임을 명심하라. 이쯤에서 명심해야 할 것에 대해서 잠깐 언급하고자 한다.

장기적인 목표야말로 그 같은 장애를 극복해 줄 수 있다는 사실이다. 장기적인 목표가 없으면 일시적인 장애도 쓸데없이 좌절감을 당신에게 느끼게 할 수 있다. 자신의 힘을 벗어나는 문제들, 예컨대 가족문제, 질병, 불의의 사고 같은 문제들은 장애물이 될 수 있지만 당신이 미리 대비만 한다면, 좋은 상황이든 또는 나쁜 상황이든 긍정적으로 어떻게 이에 대응할 수 있는지를 차츰 인지하게 될 것이다. 그것이 심각한 정도냐의 여부와 관계없이 목표의 후퇴가 전진을 위한 초석으로도 연결될 수 있다는 사실을 알게 될 것이다.

장기적인 목표를 가지면 단기적 성과의 성패에 매번 일희일비하지 않고 좀 더 여유 있게 긴 안목으로 목표달성이 가능하며, 일단 그곳에 도착하면 더 먼 곳을 볼 수 있게 되는 것이다. 왜냐하면 목표를 너무 촉박하게 단기적으로 설정했을 경우는 먼 여정을 떠나기도 전에 단기간의 결과인 '청신호'가 떨어지기만을 기다리는 결과가 되고 정상을 향해 올라가지도 못하기 때문이다.

그런데 여기서 유의해야 할 점이 있다. 장기적인 목표를 세운다면서 시작하기도 전에 모든 단기적인 장애물을 제거하겠다는 시도는 하지 마라. 시작하기도 전에 모든 장애물이 제거된다면, 누구라도 목표를 달성할 수 있지 않겠는가? 차를 운전해서 출근하려는 순간, 미리 경찰서에 청색 신호가 떨어졌는지 여부를 확인한 후 출발한다면, 그는 아마도 아주 이상한 사람으로 보일 것이다.

목적지에 도착할 때까지 차례대로 신호등을 거친다는 건 당연한 사실 아닌가? 우리는 인생 여정 속에서 이와 같은 방법으로 장애물을 그때마다 극복하고 다루다 보면 언젠가는 목적지에 도달하게 된다.

그렇다. 일단 해 볼 수 있는 데까지 가라. 목적지에 도달하게 되면 더 먼 곳을 볼 수가 있다. 우리가 산의 정상에 오르는 것은 그 뒤편에 더 높고 기대되는 광경이 펼쳐져 있고, 또 그 뒤쪽 높은 곳에 파란 하늘이 보이기 때문인 것처럼 말이다.

목표는 실현 가능한 것부터 세워라

그런데 목표 설정은 실행 가능한 구체성을 띤 목표를 설정해야 한다. 예컨대, '많은 돈', '훌륭하고 큰 집', '고임금 일자리', '더 높은 교육', '좀 더 나은 학생' 등은 목표로 설정하기에 무리가 있다.

예컨대, 현금은 어느 정도에, 집은 어느 위치에 몇 평, 임금은 액수 (연봉) 얼마, 교육은 어느 대학 무슨 학과 등 분명한 고유 목표라야 확실하다.

목표 설정에 대한 일반적인 정보를 골라 당신이 처한 상황에 적용해야 한다는 사실을 알아야 한다. 무엇을 원하든 완전한 효과를 발휘하기 위해서는 최대한 구체적으로 자세하게 계획을 짜야 한다.

목표를 세웠으면 극복해야 할 장애물은 목록을 작성하고 그 극복 방법을 생각해야 한다. 장애물이 하나도 없었더라면 이미 당신은 원하는 모든 걸 가질 수 있었을 것이고, 당연히 성공을 했을 것이다. 그러나 현재는 우선 그 장애물을 제거해야 한다.

그 장애물 리스트를 작성한 후 이들을 극복할 계획을 세우고 기간별 실행계획 수립을 짜는 것이다. 이들 장애를 어느 정도까지 제거하느냐가 바로 성공률을 확보하는 수준일 것이다. 목표를 향해 달려가면서 장애물을 극복한다면 다른 목표의 장애물 역시 쉽게 떨어져 나가게 할 수 있을 것이다.

목표 설정 원칙 및 목표 달성 원칙

목표의 설정과 달성 원칙은 다음과 같이 세우고 실행하면 도움이 될 것이다.

① 자신의 현재 진도를 파악하기 위해 진행상황을 기록한다.
② 매일, 매달, 매분기, 매년 자신이 이루고자 하는 목표를 기록한다.

③ 목표는 구체적으로 기록한다(예: 850,000원).

④ 흥분과 도전이 필요한 만큼 원대하지만 현실성 있는 목표를 세워야 한다.

⑤ 매일매일 좌절감을 느끼지 않도록 장기계획(예: 1년 계획)을 세워야 한다.

⑥ 목표를 달성하기까지 극복할 장애물 리스트를 작성하고 극복 계획도 수립한다.

⑦ 목표를 기준목표량(예: 1개월 목표량)과 대비하여 진도율을 기준으로 제시한다.

⑧ 목표 달성에 필요한 단계를 밟을 수 있도록 자기 자신이 단련할 준비를 마련한다.

⑨ 자신이 그 목표를 달성할 수 있다고 확신한다.

⑩ 한 해가 시작되기 전에 기존 목표 달성 상황을 미리 상상해 본다.

체험을 하면 두려움이 없어진다

우리는 처음 접하는 모든 일에 두려움을 느낀다. 그러나 두려워하지 마라. 도전 정신은 성공의 튼튼한 기둥이다. 어떤 일이든 그 일을 해나갈 때, 첫 번째와 두 번째는 하늘과 땅만큼이나 차이가 있다. 그러나 두 번째와 세 번째는 별 차이가 없다. 이것은 무지(無知)나 미지(未知)의 세계에 대한 불안을 잘 표현하는 말이다.

처음 어떤 일을 경험할 때, 그 일을 처리하는 과정은 그것으로 끝이 아니라 새로운 다음번을 위한 귀중한 선행학습이 된다. 따라서 도전하려면 첫 번째 일을 용기와 집착심을 가지고 끝마무리하는 습관을 가져야 한다.

그 습관이 두 번째 도전에 있어 귀중한 초석이 된다. 그리하여 첫 번째의 두려움을 두 번째의 흥분과 보람으로 연결해 주는 주춧돌이 되는 것이다.

여기서 나의 신입행원 시절의 체험담을 다시 한 번 회상하지 않을 수 없다. 복잡하고 어려웠던 은행 업무계획서 수립 작성을 처음 시작할 때에는 두려움(시간이 넉넉하면 배워 가면서 천천히 할 수도 있었지만, 일정 기일 안에 완성해야 하는 심적 압박감, 또 어느 부분은 단시일 내에 불가능하다는 상념이 머리를 짓누르기 때문에)이 전신을 엄습했다. 그 두려움은 지금도 잊을 수가 없다.

그러나 첫 번째 결산이 끝나고 두 번째 업무계획서를 작성할 때에는 이미 체험을 했기 때문에, 그리고 처리 과정에서 발생했던 몇 가지 문제점은 그 해결 방법까지도 벌써 터득했기에 훨씬 마음이 여유 있고 가벼운 가운데 평온함을 느낄 수 있었다. 정말 스스로 생각해도 신기한 일이었다. 무엇보다 마음이 평온하고 일에 대한 자신감이 생기게 되었다. 그리하여 첫 번째 업무계획 처리 때보다 훨씬 용이하고 더 빠르게 마무리하여 처리할 수가 있었다.

이것은 "나는 할 수 있다!"는 자신감과 이미 "이것은 이렇게 하면 된다"는 체험들이 습관화되어 머리에 입력되어 있었기 때문에 내 마음을 가볍게 만들었고, 두려움도 말끔히 가시게 했던 것이다.

이와 관련해서 또 다른 하나의 사례를 소개하고자 한다.

일본 최초의 남극관측대의 대장을 역임한 분의 경험담을 오래 전에 읽었다. 그는 100여명의 대원들과 함께 누구도 밟지 않은 미지의 남극에서 첫 겨울을 지낸 유명한 사람이다. 그 대장이 임무를 마치고 본국인 일본으로 돌아왔을 때, 여러 사람으로부터 많은 질문을 받았다.

가장 많이 받은 질문은 "그곳에서 겨울을 지내는 동안 무엇이 가장 두려웠습니까?"였다. 그 대장은 "미지(未知)가 가장 두려웠소"라고 대답했다. 내일은 어떤 세찬 바람이 불어닥칠까? 추위는 영하 몇 도까지 내려갈까?… 등등 모든 것을 도저히 예측할 수 없는 상황이었기 때문에 미지에서 오는 두려움이 컸을 것이다.

그러나 "남극탐험이 1년을 지나고 반복되는 생활습관과 시간이 지나면서 자신감을 가지고 여러 가지 닥치는 일을 미리 알 수 있게 되었다"고 고백했다. 태풍이 불면 따뜻해진다. 지붕 위에는 눈이 쌓이지 않는다… 등 남극 기후의 특징들을 하나씩, 하나씩 알게 된 것이다. 그것을 모르는 동안에는 모든 것에서 두려움과 조바심 속에서 보내야만 했었던 것이다.

그 대장의 말 가운데서 한 가지 주목해야 할 점이 있다. 그것은 다음의 한마디이다.

어떤 일을 해 나갈 때, 첫 번째와 두 번째는 엄청난 차이가 있다. 그 만큼 두려움이 존재한다. 그러나 다음 두 번째와 세 번째부터는 이미 알기 때문에 별 차이를 느끼지 못한다.

우리는 도전하면 선행 학습적으로 점차 체험의 선행이득을 누리게 된다고 생각한다. 처음 하는 일, 처음 접하는 일을 두려워하지 마라. 도전정신은 성공의 튼튼한 기둥이다.

목표 달성의 원리

첫 번째, 한 단계부터 시작하라

목표라는 것은 우리 인생에 있어서 중요한 최종 종착지이다. 웬만한 사람에게 목표라는 것이 크게 자신을 압도하는 것이 될 수 있다.

만약 당신이 목표를 세워 본 일이 없다면, 우선 작은 목표, 즉 1개월짜리 단기목표를 수립하는 것으로부터 출발해 보라. 30일, 또는 31일간 매일 평균 목표치를 할당하고 이것을 매일 실적치와 대비해서 체크하는 연습을 하면 된다. 그리고 목표치에 미달하면 그 다음날 목표치에 전날 미달치를 합산해서 좀 무겁게 추진 달성하도록 자체 계획진도를 채찍질해 나가면 된다.

그렇게 한 달 동안 매일매일 계획을 추진하여 월말에 가서 총 한 달 목표치와 같은 기간의 실적치 합계액을 비교해서 그달 총 목표치보다 실적치 누계가 많으면 그달 목표 계획은 성공한 것이다.

축하한다. 한 달짜리 단기계획이 성공했으면 이제 이것을 점차 기간을 늘려서 분기계획(3개월 계획)을 실행해 보고, 또 성공하면 다시 반년계획(6개월=상반기와 하반기)을 수립하여 실행하고, 이것을 성공하면 이제는 1

년 계획을 수립하여 실행해도 좋다.

여기서 분명히 짚고 넘어가야 할 것은 계획수립은 목표, 매달 실적, 목표대비 차이분석, 보완(만회)대책 등 일련의 피드백이 뒤따라야 진정한 계획실행이 가능해진다는 것을 꼭 유의하여야 한다는 점이다.

목표를 추적하라

목표를 달성한 후 기뻐하는 자신을 그 계획을 시작하기 전에 미리 상상해 보라. 제2차 세계대전 당시 미국은 인공지능 기능을 장착한 어뢰를 개발했다. 이것은 엄청난 파괴력을 가진 무기였다. 미국은 생존을 위하여 사생결단을 내려야 하는 입장에 놓여 있었고, 이 때문에 미국 내에서는 어뢰개발에 대해 굉장한 반향을 일으켰다. 인공지능을 장착한 어뢰는 목표물을 향해 발사됨과 동시에 목표물에 고정된 조정장치가 작동된다. 만약 목표물이 움직이거나 방향이 바뀌면 어뢰는 상황에 적응하여 계속 목표물을 추적하도록 장치되어 있다.

재미있는 사실이지만 이 어뢰는 인간의 두뇌를 모델로 만든 것이다. 당신의 두뇌에도 목표물에 '조준을 맞추게 하는' 무엇인가가 존재한다. 목표물이 움직이거나 약간 혼란이 생길 때 일단 '고정'을 해두면 목표물을 맞힐 수 있다.

모든 분야의 전문가들은 농구를 하기 전, 골프공을 올려놓기 전, 영업상 전화를 걸기 전에 '목표에 도달하는 모습을 본다'고 이야기할 것이다. 구체적으로 말하면 시작하기 전에 목표물에 '고정'하는 것이다. 이렇게 하면 당신의 내면에 존재하는 힘이 이를 '모두 모아' 당신을 목적지로 향해 힘껏 밀어 줄 것이다.

나는 할 수 있다, 반드시 할 것이다

목표를 향해 '최선을 다 하겠다'는 것만으로는 확실하지 않다. '꼭 나는 할 수 있다'고 굳은 결의를 보일 때 성공은 당신 앞으로 다가오게 된다. 그리고 이를 뒷받침하기 위해 당신은 그 목표에 이미 달성하여 성공한 '자신의 모습'을 상상해 봄으로써 그 굳은 결의를 되새기는 동시에 도전을 하는 것이다.

몇 년 전 미국에서 누구도 도전하지 않은 마터호른의 북쪽 등반을 위해 국제원정대가 모여서 출발한 적이 있었다. 이때의 일화이다.

국제원정대를 모집하는 자리에 기자들도 모여들었다. 기자들은 전 세계에서 몰려 온 원정대원들에게 질문공세를 퍼부었는데 한 기자가 원정대 일원에게 물었다.

"마터호른의 북쪽을 오르실 건가요?"

그 남자는 대답했다.

"저는 최선을 다할 거예요."

다른 사람에게 물었다. 그러자 그 사람은 이렇게 대답했다.

"엄청난 노력을 기울일 거예요."

마침내 그 기자는 한 미국인 청년에게 같은 질문을 했다. 그 청년은 기자를 쳐다보더니 확고한 말투로 대답했다.

"예, 마터호른의 북쪽을 반드시, 꼭 오를 겁니다."

그 후 결과는, 오직 한 사람만이 등반에 성공했다. 그 사람은 바로

"꼭 오를 겁니다"라고 이야기한 미국 청년이었다. 이 청년은 '목표'에 도달한 자신의 모습을 본 것이다.

더 나은 일자리, 더 좋은 품질의 상품, 신과의 더 가까운 동행, 영원히 행복한 생활 등 어떤 것을 찾던지, 우리는 '목표에 도달' 하기 전에 '목표에 도달한 자신의 모습을 생생하게 그리고 구체적으로 그려 봐야' 한다.

이때 자기의 필승 신념이 바로 성공으로 이끄는 원동력이다.

초심말로(初心末路)

「채근담(菜根譚)」에 '초심말로'(初心末路)란 말이 있다.

사궁세축지인(事窮勢蹙之人)은
당원기초심(當原其初心)하고

공성행만지사(功成行滿之士)는
요관기만로(要觀其末路)니라

일이 막혀 답답한 사람은 마땅히 처음 시작했을 때의 마음으로 돌이켜 볼 것이요, 성공을 이루어 만족하는 사람은 그 말로(생애의 끝)를 살펴야 한다.

인생의 여정은 등산과 비슷하다. 앞길이 막혀서 오도 가도 못할 때에는 깨끗이 포기하고 출발점으로 되돌아가는 용기가 필요하다. 오기와 고집으로 계속 전진한다거나 우물쭈물하며 당황하다가는 곤란을 당하기 일쑤이다.

사업이나 직장 업무, 또는 어떤 프로젝트도 마찬가지다. 자신의 능력과 회사의 사정은 고려하지 않고 무작정 사업을 확장해 나간다든가, 무리하게 과욕을 부린다던가 해서 실패하고 마는 경우를 우리는 흔히 목격한다.

용기는 무턱대고 전진하는 것이 아니다. 전진할 때에는 자신의 상황을 객관적으로 정확히 바라본 후 판단해야 하고 때로는 제자리걸음이 전진(상책)일 수도 있다.

앞길이 막혔을 때는 출발점, 즉 초심으로 돌아가는 것, 그리고 목적(또는 목표)을 달성했을 때는 일단 멈출 줄도 아는 것이 진정한 용기이다.

성공의 비결

꾸준히 떨어지는 물방울은 바위를 뚫는다

독일에서 전해 내려오고 있는 격언에, "꾸준히 떨어지는 물방울은 바위를 뚫는다"(Steter Tropfen höhlt den Stein)라는 말이 있다.

이 말은 노력에는 천재도 당하지 못한다는 우리 격언과도 상통한다. 성공은 일시적 행운이나 우연한 요행이 가져다주는 결과물이 아니라, 자신이 온갖 노력과 모든 열정을 다하여 수많은 세월 동안 갈고 닦아서 일구어 낸 '꿈'의 실현이다.

「채근담(菜根譚)」에 '수적석천'(水滴石穿)이란 말이 있다.

승거목단(繩鋸木斷)하고 수적석천(水滴石穿)하니
학도자(學道者)는 수가력색(須加力索)이라.

수도거성(水到渠成)하고 과숙채락(瓜熟采落)하니
득도자(得道者)는 일임천기(一任天機)니라.

새끼로 톱을 삼아서 오래 쓰면 나무를 자르고
물방울도 오래 떨어지면 돌을 뚫는다.
도(道)를 배우는 사람은 모름지기 힘써 찾기를 더해야 한다.

물이 모이면 도랑이 되고 오이는 익으면 꼭지가 떨어지나니
도(道)를 얻으려는 사람은 하늘에 일임할지어다.

이 내용은 꾸준히 노력하는 사람만이 소기의 목적을 달성할 수 있으니 '진인사 대천명'(盡人事 待天命), 즉 최선을 다한 다음에는 하늘의 뜻을 기다리라는 말과 일맥상통한다.

어떤 목표를 세우고 그것을 달성하고 성취하기 위해 비장한 각오로 나가는 것은 좋은데, 막상 실행에 들어가면 얼마 가지 못하여 포기하

는 경우가 많다. 왜 그렇게 되는 것일까?

그것은 자기와의 싸움에서 패배하기 때문이다. 인간에게 있어서 제일 무서운 '적(敵)'은 결코 외부에 있는 것이 아니라 내부에 있는 자기 '마음'이다. 어렵사리 세운 계획을 중도에 포기하는 사람을 분석해 보면 외부의 여건이 안 좋아서라기보다는 나약해진 자기 마음을 다스리지 못하는 데에 기인하는 것이 부지기수이다.

우리는 절대 중도에 포기하지 말아야 한다. 목표를 향해, 꿈을 실현하기 위해, 온 힘을 쏟아부어야만 한다.

성공 후에는 꼭 반성하고 실패한 후라도 포기하지 마라

우리는 반면교사라는 말을 자주 듣는다. 실패했을 때 그 실패의 원인을 집요하게 학습하고 되돌아보면서 다시 분석하고 결단코 앞으로는 두 번 다시 되풀이하지 않겠다는 다짐을 하면서 불사조처럼 앞으로 뚜벅뚜벅 걸어 나아갈 때, 첫 번째 실패했던 그 목표가 점점 앞에 다시 다가오게 되는 것이다. 끝까지 힘을 내야 한다.

「채근담(菜根譚)」에 '쾌의회두'(快意回頭)란 말이 있다.

은리(恩裡)에 유래생해(由來生害)라.
고(故)로 쾌의시(快意時)에 수조회두(須早回頭)하라.

패후(敗後)에 혹반성공(或反成功)이라.

고(故)로 불심처(拂心處)에 막편방수(莫便放手)하라.

총애를 받을 때 불행이 싹튼다.

그러므로 만족할 때 빨리 머리를 돌려야 한다.

실패한 후에는 필연코 성공할 기회가 있다.

뜻대로 되지 않는다 해서 바로 손을 떼지는 말라.

인생이란 유위전변(有爲轉變)하는 것이다. 즉, 한 치 앞을 내다볼 수 없는 것이 인생이다. 또한 인간이란 습관적 동물이기 때문에 좋은 상태건 나쁜 상태건 간에 현재의 상태가 그대로 계속될 것으로 생각하기 쉽지만 그것은 착각에 지나지 않는 것이다.

겨울이 지나면 봄이 찾아오고 둥근달은 이지러지는 것이 자연의 법칙이다. 이 법칙은 인간에게도 그대로 적용되는 것이다. 이 점을 염두에 두고 일이 순조롭게 풀려 나가는 경우에도 마음을 놓아서는 안 되며, 역경에 처했다고 해서 쉽게 포기해서도 안 된다.

미아동 지점 예금유치 일화

명심보감 「교우편(明心寶鑑 交友篇)」에 다음과 같은 말이 있다.

노요지마력(路遙知馬力)이요

일구견인심(日久見人心)이니라.

길이 멀어야 말의 힘을 알 수 있고,

세월이 오래 지나야만 사람의 마음을 알 수 있느니라.

사람은 오래 사귀어 보아야 진면목을 알 수 있고, 어려움을 겪어 보아야만 진정한 마음을 알 수 있다는 것이다. 인생에 있어서 벗이 차지하는 비중이 매우 크다는 말이다. 이처럼 소중한 우정에 관한 가르침 속에서 뜻을 같이 하는 사람과 인생을 동행하면 마치 우리가 안개 속을 거닐 때 옷은 젖지 않아도 때때로 물기가 몸에 배어드는 상태가 되는 것처럼, 자연스럽게 그와 함께 동화되어 간다는 말이다.

내가 한일은행 미아동 지점 차장 초임 시절의 일화이다. 은행 전체 총예금 증가운동 캠페인이 전개되고 있었다. 그 당시 은행 지점의 주요업무는 오로지 예금증강이요, 이를 달성하는 길은 다만 예금유치뿐이었다.

매달마다 은행 본점에서 각 지점에 예금증가 목표가 배정되고 지점은 그 할당목표를 달성하기 위해 전 직원이 총동원해서 개인별로 배정받은 목표액을 채우기 위해 지점 인근의 거래처를 방문하여 예금을 권유하는 게 이 무렵 은행원들의 업무 수행 실정이었다.

그때 나는 예금담당 차장으로서 우리 지점 전체의 예금을 총괄 지휘하여 최종적으로 지점할당 예금목표를 초과 달성해야 하는 막중한 책임을 가지고 있었다. 이 업무에는 나와 같이 일하는 섭외(예금)담당 대리의 협력과 그 추진력이 절대적으로 필요했다. 담당자인 C대리(前 북악새마을금고 이사장)를 불러 예금목표 달성 대책 수립을 상의했다.

"정 대리, 무슨 좋은 방안이 없어요?"

"네, 지금 준비 중입니다만 간단히 우리 지점 예금목표 달성계획 개요를 말씀드리지요."

"구체적으로 말씀하세요. 가능한 한 계획을 빨리 세워야지요. 시간이 별로 없어요."

나는 C대리에게 독촉하다시피 요청했다.

"말씀드리겠습니다. 우리 지점 대로변 뒤편으로 두 블록 정도 삼양동 쪽으로 가면 호수를 매립한 대지가 있는데 지난 번 여기에 여러 동의 아파트를 건립해서 이미 분양이 끝난 상태입니다. 여기를 공략해서 입주자들에게 필요한 아파트 담보대출을 해줄 수만 있다면, 그 효과로 정기적금과 일부 정기예금을 유치할 수가 있습니다만… 그리고 또 지점 인근지역 병원들을 심방해서 예금유치 활동을 하려고 합니다."

이 무렵에는 은행이 여신(대출)을 지정한도 이상 증가 시키려면 먼저 본점의 승인을 받아야 하는데 그 여신한도는 금융기관 전체 한도배정제로 묶여 있어서 지점의 대출승인이 생각대로 순조롭게 허가가 날지 난감한 일이었다.

나는 마음속으로 결심을 했다. 내가 본부(기획부)에 근무할 때 은행 총괄 업무계획 수립과정에서 여신심사부와 많은 관계를 맺고 있었으니 그쪽에 접촉해서 지점대출한도 증배신청을 추진해 보기로 한 것이다. 또한 병원뿐만 아니라, 인근에 있는 음식점과 사업체 및 슈퍼마켓 등에도 전략을 세워서 접근하기로 했다. 그리고 예금만을 유치하려고 주력할 게 아니라, 고객이 필요로 하는 금융서비스를 개발해서 이에 부응히는 서비스를 제공함과 동시에 예금유치를 병행하는 '맞춤형' 거래 개척에 총력을 기울이도록 계획을 보완해서 수립하고 지점장님께 내부 보고를 하였다.

그런데 이 일과 관련한 C대리의 치밀하고 열성적인 활동을 처음 목격하고 나는 깜짝 놀랐다. 매일 아침 8시 반이면 지점장실에서 전일 업무추진과 결과 점검을 위한 전략회의가 열리는데, 이때 C대리는 담당대리로서 커다란 상황판을 들고 와서 보고를 하였다.

그 상황판에는 인근지역 전체 세부 도면이 그려져 있고, 가가호호 주소지 번지와 세대주명이 병기돼 있어서 일목요연하게 위치 파악이 가능하게 돼 있었다. 거기에는 그 전날 현재 거래유치에 성공해서 우리 지점에 예금을 입금한 상황을 빗금으로 표시하여 한눈으로 당장 전체 진도를 입체감 있게 그려 놓은 게 아닌가!

이렇게 하면서 매일매일 예금증가 실적을 올려 갔다. 매일 아침 회의가 끝나면 나는 C대리와 함께 동네를 한 바퀴 누비고 돌아다녔는데, 우선 병원과 약국이 20개가 넘었고 슈퍼마켓이 두 곳, 그리고 중소기업체(사업체)가 5곳이 되었다. 이들을 매일 오전에 둘이서 돌아다니면서 '맞춤형' 거래상담을 하였고, 상호간 협력 분위기를 이어 갔다. 지성이면 감천이라는 속담이 들어맞았다.

본점에서 예금증강운동 캠페인을 마감한 결과 미아동 지점이 은행 전체그룹(C 그룹)에서 1등을 하게 되었다. 그래서 매달 첫 월요일 본점 대강당에서 열리는 전국 지점장회의 석상에서 우리 미아동 지점이 1등 상을 타게 되고 P지점장이 은행장으로부터 상장을 받고는 지점으로 돌아와 전 직원들을 모아놓고 자랑을 하던 장면이 지금도 눈에 선하다.

이러한 인연과 경험을 시작으로 나는 그 후 C대리와 관계를 유지하면서 그의 인간성과 노력하는 모습, 또 목표를 향해 매진하는 열성적인 자세 등을 많이 배우고 반면교사로 삼게 되었다.

그는 결코 좌절하지 않았다. 어떤 달에는 목표미달로 시상권에서 밀려나 탈락하기도 했지만 그때마다 "다음에는 꼭 1등을 하겠습니다. 지난번에 이것을 못 했는데 다음에는 이것만 보완하면 꼭 1등을 합니다. 염려하지 마세요"라며 오히려 나를 위로하는 것이었다. 지금도 그 고마움을 잊지 못하고 있다.

이것이야 말로 앞서 소개한 「명심보감」의 교훈이 와 닿는 일화일 것이다.

노요지마력(路遙知馬力)이요
일구견인심(日久見人心)이니라.

사람은 오래 사귀어 보어야 진면목을 알 수 있고, 어려움을 겪어 보아야만 진정한 마음을 알 수 있다는 것이다.

Chapter 3
인생행복론

행복의 본질과 돈의 역할

행복(happiness)이란 인간이 살아가는 과정에서 일어나는 여러 가지 욕구가 부족함 없이 충족되는 '상태' 또는 그 상태에서 느끼는 자신의 '만족감'을 말한다. 전자(충족상태)는 물질적 행복이요, 후자(자기만족감)는 정신적 행복이라 말할 수 있다.

행복의 정의를 확실하게 하려면 행복과 정반대인 '불행'을 살펴보면 그 의미가 더 쉽게 다가온다. 우리는 엄청나게 슬픈 일, 재난을 당하는 일, 불의의 죽음, 그 밖의 어려운 일들을 '불행'이라 말한다. 따라서 이 같은 불행을 줄이든가 또는 제거하면 행복에 다가서는 실마리를 풀게 된다고 할 수 있다.

행복의 사전(辭典)적 의미는 "복된 운수, 생활에서 충분한 만족과 기쁨을 느껴 흐뭇해 하는 상태"라고 되어 있다. 영어로는 'happiness'이며, 행운(good luck)과 동의어이다. 어간인 'happy'는 행복스러운, 즐거운, 유쾌한, 기쁜, 행운의… 등 여러 의미의 형용사이다. 여기서 알 수 있는 바와 같이 '행운'이라는 뜻이 큰 무게를 차지한다.

그런데 이 행운이란 어휘는 한 곳에 머물지 않고 움직일 수 있다는 의미도 가지고 있다. 한편 불어로는 봉외르(bonheur)로 '좋은'이란 뜻의 봉(bon)과 '시간'이란 뜻의 외르(heur)의 합성어로 그 뿌리로 보면 '행복'이라는 것은 '좋은 시간'이라는 의미를 가지고 있음을 알 수 있다. 이렇게 봤을 때, 행복이란 '마음이 만족스럽게 평안한 상태' 또는 '더 이상 부러울 것 없는 흡족한 상태'라고 정의할 수 있다.

여기서 물질적 행복을 직접 지배하고 또 정신적 행복까지도 깊은 영향을 주는 주체인 '돈'(money)이 등장한다. 흔히 우리가 일상 속에서 숨 쉬고 있는 '공기'보다 더 중요하게 여기는 것이 '돈'이다.

신선한 공기를 듬뿍, 아주 깊이 들이마셔 보라. 들이마셨을 때, 흉곽이 넓어지고 허파가 부풀어 오르는 동안 약 67%는 질소, 25%는 산소, 나머지 8%는 이산화탄소 등으로 구성된 비활성기체가 목구멍을 타고 밀려들어 오면, 기관지는 그 들어온 공기를 폐포(허파 꽈리)로 전하고, 즉시 인체에 돌고 있는 피에 산소를 공급하게 된다. 그리고 이때 사용한 공기는 이산화탄소 형태로 되어 이것을 다시 숨을 내쉼으로써 공기 중으로 되돌려 보낸다.

결국 숨을 쉰다는 것은 우리의 인체 내에 순환하고 있는 피(혈액)에 먹을 것을 제공하고 동시에 노폐물(쓰레기)을 치워가는 것을 의미한다.

이처럼 소중한 존재가 공기이다. 그러나 우리는 이 공기의 존재를 거의 망각하면서 살고 있다. 왜냐하면 그 수량이 걱정 없이 무한하게 늘 충족되기 때문이다. 이와 같이 수요와 공급이 문제없이 늘 충족되면 아무리 생존의 절대요소라 할지라도 귀중하다는 존재감을 망각하게 된다.

그러나 '돈'은 사람이 필요로 하는 만큼 늘 충족되지 않을 뿐만 아니라 그 절대량이 욕구량 만큼 충족되지 못하고 늘 절대 부족 속에 있기 때문에 문제가 있는 것이다.

현대사회에서 인류가 살아가는 데 있어서 공기보다 훨씬 덜 중요한 '돈'을 대할 때 그 희소성 때문에 소중했던 공기보다도 더 급박한 대상물로 등장하게 된다.

독일인의 경우, '필요한 돈의 소유'(재정적인 자유) 야말로 가장 중요한 삶의 꿈이다. 이에 비해서 일상적인 불행은 별로 눈에 띄지 않지만, 우리에게 많은 영향을 끼친다. 갤럽조사에서 독일 직장인의 3분의 2 이상은 생계를 위한 일에서 거의 재미를 느끼지 못한다고 응답했다. 또한 전체 응답자의 18%는 마음속에서는 벌써부터 사표를 낸 상태라고 말했다. 그럼에도 불구하고 그들은 매일매일 출근을 한다.

미국의 석유재벌로 억만장자인 폴 게티가 이런 말을 했다. "돈이 없는 사람은 항상 돈을 생각한다. 돈이 있는 사람은 오로지 돈만 생각한다."

실제로 돈은 인류 역사상 2,500년간 존재해 오는 동안 교환과 저장의 수단에서 가장 중요한 생활수단으로 변했다. 돈은 다른 어떤 것보다도 강하게 우리의 생각과 행동을 결정한다. 또 우리의 삶을 구성하는 너무나 당연한 요소로 자리 잡았다.

우리가 돈을 벌고, 돈을 늘리기 위해 쏟아붓는 애타는 노력은 마치 공기로 숨을 쉬는 것처럼 당연한 것이 되어 버렸다. 오히려 더 귀중한 존재가 되었다.

돈에 대한 우리의 집착은 눈에 잘 맞는 콘택트렌즈와 비슷하다. 그냥 봐서는 절대 그런 것이 있는지 알아챌 수 없다. 그럼에도 불구하고 돈은 우리의 인생관을 극심하게 변화시킨다.

그러면 '돈'이 우리 자신에게 정말 숨쉬는 '공기'처럼 중요한 것일까? 단정적으로 말해서 '행복'이 오로지 돈에 달려 있다고 믿을 만큼 단순한 상황일까? 독일인의 80%는 개인적으로 돈이 그렇게 중요하지 않다고 주장한다.

오늘날 학자들은 우리가 갖고 있는 '행복'의 느낌이 80%까지 유전적으로 프로그램 되어 있다고 말한다. 다시 말해서 삶 속에서 맞이하는 행복한 전환점이나 운명적인 불행은 각각 지니고 있는 예정된 행복의 수준에서 잠시 동안 벗어나게 만드는 것이다.

행복이든 불행이든 어느 한 방향으로 움직이는 추와 같다고 할 수 있다. 그러나 그 추는 어느 정도 시간이 지나면 본래의 상태로 돌아오게 된다.

다시 말해서 그 80%를 제외한 나머지 20%를 가지고 행복하기 위한 노력을 하는 것이다. 그리고 오늘날 그런 노력이 가장 강하게 집중하는 대상이 바로 '돈'이다.

오스카 와일드는 "젊은 사람은 돈이 전부라고 생각한다. 더 나이를 먹게 되면 돈이 전부라는 것을 뼈저리게 느끼게 된다"라고 말했다. 이처럼 소득은 개인을 인정하고 개인의 가치를 평가하는 가장 분명한 표현인 셈이다.

시간이 흐르면서 예전에는 다만 목적을 위한 수단이었던 '돈'이 이제는 어느새 행복, 만족, 나아가 '풍요'의 동의어로 발전했다. 돈은 오늘날 모든 것의 척도이며, 생애 최대의 목표가 된 것이다. 이와 같이 '부'(富) 자체가 최상위의 목표가 되었다는 것인데, 우리는 수단과 목적을 뒤집어 놓고 살아가고 있는 것이다.

영화 연출가인 오손 웰즈는 "돈은 다른 다섯 개의 감각을 인정받을 수 있게 만들어 주는 여섯 번째 감각이다"라고 말했다. 다시 말해서 인간의 제6감이 바로 돈이라는 것이다. 돈은 '존경받는 가장 값싸고 쉬운 방법인 동시에 자기의식과 자기 가치를 확인하고 싶은 원초적인 동경을 충족시켜 준다.'

우리는 지금 인류 역사상 가장 활짝 열려 있는 세계화 시대를 맞이하고 있다. 이런 시대에 돈이야말로 그 무엇과도 바꿀 수 없는 재능이요 능력인 것이다.

오늘날 글로벌 세계경제의 수많은 리스크와 위험이 도사리고 있는 상황에서 '돈'은 궁극적으로 확실한 '피난처'를 제공해 준다. 그러나 우리는 여기서 잠깐 멈추고 생각해 보아야 할 것이 있다. 2차 세계대전이 끝난 이후 영국과 일본이 느끼는 삶의 만족도는 거의 변함이 없는 것으로 나타나고 있다. 그러나 그들의 실제 소득은 두 배 이상 증가했다. 독일, 프랑스, 그리고 거의 모든 서유럽 산업국가에서도 비슷한 추세가 나타나고 있다.

엄청난 소득의 증가와 생활수준의 향상은 사람들을 그 만큼 더 만족하게 만들지 못했다. 예를 들면, 예전에는 15%의 가정에서만 사용하던 에어컨이 오늘날 전 가정의 75%를 시원하게 만들어 주고 있다. 그렇지만 이와 동시에 "아주 행복하다"고 말하는 미국인의 수는 35%에서 33%로 오히려 떨어졌다. 또 이혼율은 같은 기간에 두 배로 증가했고, 청소년 자살률은 세 배가 되었다. 다시 말해서 '그전보다 덜 행복하게 된 것' 이다.

'돈' 은 단기간에는 분명하게 더 많은 만족을 보장한다. 그리고 서유럽 몇몇 국가들과 같이 부유한 나라들의 주민들은 평균적으로 시에라리온이나 미얀마의 주민들보다 훨씬 더 만족스러운 삶을 살아간다. 그런데 하루에 2유로 50센트도 안 되는 돈으로 목숨을 지켜야 하는 인류의 절반에게는 돈을 갖는 것이 사느냐 죽느냐의 문제가 된다. 이와 같이 돈은 그들에게 순수한 행복을 의미한다.

그렇지만 지구의 나머지 반은 그런 기본 욕구들을 이미 예전에 충족했고, 소득도 연평균 1만 달러 이상이다. 그런 상황은 미국 100대 갑부의 억만장자들이 케냐 초원의 마사이족과 '삶의 만족도' 가 거의 동일하다는 사실에서 우리는 다음과 같은 결론에 이르게 된다.

즉, "돈이 우리의 삶을 결정하기는 하지만, 그럼에도 더 많은 돈이 우리를 더 행복하게 만들어 주지는 않는다" 라는 사실이다.

행복은 수치로 계산할 수 있는가

공리주의자들의 행복계산법

처음으로 행복을 수치로 계산하려고 시도한 사람은 18세기 후반 공리주의자들이다. 18세기 후반 영국 공리주의 철학 창시자인 벤담은 '최대다수의 최대행복'을 주장하면서 행복의 계산법을 안출(案出)하였다. 이 행복계산법은 쾌락(행복)과 고통(불행)의 양을 수치화한 것이다.

「행복 평가기준」:

① 쾌락(+)과 고통(-)의 강도

② 계속성

③ 확실성

④ 원근성(遠近性)

⑤ 생산성

⑥ 순수성

⑦ 연장성(延長性)

벤담은 위와 같이 7가지 척도(기준)를 정하여 행복도(쾌락)를 수량적으로 산출하려고 하였다. 어떤 사람의 행동이 발생시키는 행복(쾌락)의 총합이 불행(불쾌)의 총합보다 크면 그의 행동은 긍정적인 행복으로 받아들여진다는 것이다.

결과적으로 벤담은 행복(쾌락)과 부(富)는 양(量)에 비례하지 않으며, 부에 의해서 만들어지는 행복은 부의 양이 증가할수록 감소된다고 보고 한계효용체감설을 주장하였다. 행복을 증가시키기 위해서는 경제적으로 자유방임(自由放任)해야 하고 한계효용이 체감하는 이상, 부가 다른 조건상 동일하다면, 보다 평등하게 그 부를 분배하는 편이 총효용을 증가시킨다는 '분배평등론'을 중시하였다.

공리주의는 그 당시 사람들에게 많은 영향을 주었다. 이에 대해서 J. S. 밀은 벤담의 양적공리주의를 비판하고 질적공리주의를 주장하였다. 밀에 의하면 행복에는 질적 차이가 있으며, 이기적, 감각적 욕망뿐만 아니라 고상한 욕망도 존재한다는 것이다. 이것이 인간 개성의 발전이다. 즉, 자아실현과 관련된 것으로 인간에게는 후자, 즉 고상한 욕망이 더 중요한 것이다.

현대 행복방정식

행복을 수치로 계산할 수 있는가?

행복을 수치로 접근한 폴 사무엘슨(Paul A. Samuelson)은 다음과 같은 '행복방정식'을 내놓았다.

$$\text{행복(H)} \ = \ \frac{\text{소유(P) 또는 소비(C)}}{\text{욕망(D)}} \ \times \ 100$$

[주] H: 행복지수(Happiness)

D: 욕망(Desire)

P: 소유(Possession)

C: 소비(Consumption)

위 함수식에서 분자인 소유(P) 또는 소비(C)를 커지게 하면 할수록 행복(H)의 값은 커진다. 그러나 한편으로 분모(D)를 줄이면 줄일수록 행복(H)도 커질 것이다. 여기서 끝없는 인간의 욕망을 전제로 행복도를 높이려면 소비(또는 소유)를 한없이 늘려야만 한다.

이 방정식은 생각보다 심오한 행복관을 담고 있다. 왜냐하면 분자인 소비(또는 소유)를 마냥 늘릴 것이 아니라 반대로 분모인 욕망을 줄일 수만 있다면 한정된 자원으로 얼마든지 행복해질 수 있다는 함의가 포함되어 있기 때문이다.

여기서 '나눔'이 이 역설을 해결하는 방법일 수도 있지만, 이것 역시

적게 가진 사람들도 '나눔'의 행복을 누릴 수가 있기 때문에 '나눔'이 마냥 정답이라고는 말할 수 없다. 욕망의 크기는 무한하기 때문에 이를 억제하고 인내하는 고행이 무(無)의 경지에 이르게 하는 데, 이 경지가 바로 행복이라고 주장하는 불심(佛心) 등 '금욕주의 행복관'이 행복방정식 풀이의 두 번째 덕목을 암시한다.

행복이라는 것은 상대성을 지닌 용어임에는 틀림없다.

로또 복권에 당첨되면 평생 매우 행복할 것 같지만 사실은 3~4년 동안만 행복하고 그 이후는 오히려 불행해진다는 이야기가 실제 사례들을 통해서 전해지고 있다.

복권 당첨자의 행복지수를 조사한 영국의 경우가 있다. 2006년 AP통신의 기사 내용이다. 그 당시 복권에 당첨돼 2천~25만 달러를 횡재한 영국인을 대상으로 당첨 2년 전과 후의 행복도를 조사해 보니 당첨자 모두가 2년 전보다 상승된 행복감을 느끼고 있음을 발견했다고 한다. 그러나 당첨금의 크기가 행복도와 정비례해서 커지지 않고 점점 체감됨을 알 수 있었다고 한다.

그래서 AP통신은 결론을 지었는데, "일확천금을 꿈꾸는 사람이 상상하는 것보다 돈이 가져다줄 수 있는 행복은 그다지 크지 않다"라고 보도하였던 것이다.

우리도 흔히 말하기를 '돈이란 일정 한도 만큼만 있으면 족하고 그 이상은 의미가 없다. 다만 그것이 너무 없으면 불편할 따름'이라고 말하는 경우가 허다하지 않는가. 이와 같이 돈과 행복 간의 상간관계 인식은 동서를 막론하고 비슷하다고 말할 수 있다.

물질적 행복과 정신적 행복

우리는 살아가면서 물질적 행복과 정신적 행복의 갈등 속에서 방황하게 된다. 그렇다면 물질적 행복과 정신적 행복이란 과연 무엇일까?

세계 여러 나라들의 소득수준을 2013년 기준으로 1인당 GDP를 살펴보면, 룩셈부르크가 11만 달러로 세계에서 가장 높고, 콩고민주공화국이 250달러에도 미치지 못하여 가장 가난하게 사는 나라이다.

국제연합(UN)에서 매년 작성해서 발표하는 '인간개발지수'(HDI: Human Development Index)는 순수한 경제적 요소(물질적 요소)뿐만 아니라 유아 사망률, 수명, 문맹자 수 등 사회적 판단 기준(정신적 요소)까지도 포함한 지수이다. 이 지수에 따르면 오늘날 노르웨이가 지구상에서 가장 살기 좋은 국가이고, 반면 니제르공화국(문맹자 90%, 평균수명 42세)이 가장 살기 어려운 국가이다.

그런데 최근 이 지구상의 135개국의 행복지수를 조사한 결과가 너무나 뜻밖이었다고 한다. "가장 행복하다"고 국민이 생각하는 비율이 가장 높은 나라는 방글라데시이고, 그 다음이 아제르바이젠, 나이지리아 순이며, 선진국 중 독일, 미국 등은 40위권 밖이었다. 우리나라는 23위를 기록했다는 점을 기억하기 바란다.

이것은 그 나라 국민들의 낙천적인 성격 또는 문화적인 특성(부정적인 것을 회피하는)도 작용한 결과라고도 본다. 그러나 한 가지 뚜렷한 사실은 우리는 '물질적 풍요가 크면 클수록 이에 비례해서 동일하게 행복지수가 올라가지는 않는다'는 것을 알 수 있다. 다시 말해서 '한계효용의 크기는 반드시 부의 크기와 정비례하지 않는다' 라는 테제(these)에 대해서 크게 느끼게 된다는 사실이다.

이러한 통계자료에서 알 수 있듯이, 나라가 잘 사는 것과 국민이 느끼는 행복지수 간에는 상관관계가 그다지 없다는 사실이다. 행복은 외부조건(물질적 행복)보다는 내적인 심리(정신적 행복) 조건에 달려 있다는 것을 통계자료가 명확하게 우리에게 말해 주고 있다.

여기서 하나의 진리를 우리는 알게 된다. "행복의 귀결은 자기의 물질적 정신적 종합 만족도에 따른다"는 것이다. 그리고 그 '종합 만족도'는 성공(꿈)의 도달에 의해서 결정된다는 점이다.

직장인의 행복관

직장인의 행복관이란?

직장인의 행복관은 왜 중요한가

우리는 누구나 행복해지고 싶어 한다. 행복이란 단어는 사회적으로 관심이 갈수록 증폭되고 있는 것도 사실이다. 이 '행복'은 '꿈'의 실현인 '성공'의 최종 종착지에서의 인간 심리상태를 평가하는 데 중요한 기준이 되며 '잣대'이기도 하다.

그래서 피라미드 조직 속에서 생존하는 직장인들은 이 행복을 조직 속의 직장 만족도와 연관 하에서 찾으려고 한다. 따라서 개인, 직장, 사회 전반적으로 행복이 새로운 테마로 등장하고 있다. 그리하여 철학, 사회과학, 심리학 등 학문 영역에서도 행복과 '긍정정서'가 새로운 패러다임으로 등장하고 있다.

우리는 1953년 69달러에 불과했던 1인당 국민소득이 2014년 2만 5

천 달러를 상회할 만큼 세계에서 유례없을 정도로 최단 시일 내에 초고속으로 압축 성장했지만, 우리들의 행복지수는 OECD 36개국 중 하위권에 머무르고 있는 실정이다.

그렇다면 그 사회에서 직장생활을 하고 있는 직장인들의 행복은 어떠한가? 직장인은 치열한 경쟁 속에서 생존을 위해 일(업무)에만 몰두해야 한다. 행복과 긍정정서는 개인의 업무성과와 조직 유효성을 증진시킨다는 점에서 이들 직장인들의 생활 속에서 나타나는 행복이 중요하다.

직장인 행복론

일반적인 행복지수

SERI 연구보고서인 '직장인의 행복에 관한 연구' 에 보면, 일반적으로 서양에서는 '행복' 을 '진정한 덕'(德), '유데모니아' (Eudemonia), '쾌락의 극대화' 로 여러 가지 접근을 해 왔다. 그러나 동양에서는 '행복' 이라는 용어를 직접 사용하지는 않았지만 유사한 개념들을 많이 접목하여 사용한다.

우리가 일반적으로 생각할 때, 행복의 기준이 되는 것은 경제적 수준, 즉 돈(또는 화폐)을 가지고 따지게 된다. 이 돈은 웰빙(well-being)의 주요 지표 중 하나로 사용하며, 행복에 관해서는 수많은 연구도 진행되고 있다.

그런데 최근에 이르러 행복을 경제적 수준(돈 또는 화폐) 위주로 측정하는 것에 한계를 느낀 나머지 그 측정범위를 '교육' 등 '삶의 질'(Quality of Life)로 확대된 지표로 측정하기에 이르렀다. 유엔개발계획(UNDP)은 '인간개발지수'(HDI: Human Development Index)를 개발했고, 부탄은 '국민총행복지수'(GNH: Gross National Happiness)를 개발하였다.

심리학에서는 행복과 연관된 새로운 패러다임으로 '긍정심리학'(Positive Psychology)이 등장하고 있는데, 긍정심리학은 인생을 번영시키기 위해 인간의 긍정적인 면을 연구하는 학문분야로 발전하고 있다.

확실한 것은 행복이란 인생을 살아가는 데 있어서 긍정적인 지표가 되는 것이라고 말할 수 있다는 점이다. 왜냐면 행복은 인생의 부정적 요소가 결코 아니기 때문이다.

직장인의 행복에 영향을 주는 요인

직장인의 행복이란 '직장생활에 대한 만족도가 높고, 직장에서 긍정정서를 가지고 있으며, 직장생활이 가치 있다고 느끼는 상태'를 말한다.

최근 국내의 한 연구소가 발표한 내용에 의하면, 직장인 대상으로 '직장인의 행복'을 온라인으로 설문조사하여 분석한 결과 직장인의 행복에 영향을 주는 요인으로는, '직무관련 요인'이 직장인의 행복에 가장 영향력을 미치는 것으로 나타났다. 특히 직무관련 요인 가운데서도 '업무 자신감'이 '업무 의미감' 보다 더 크게 영향을 미치는 것으로 조사됐다.

'직장관계' 요인에서는 '조직 상사 지원'이 '동료 지원'과 함께 가장 큰 영향을 미치며 동시에 '회사 휴식 공간'도 긍정적 영향을 미치는 것으로 나타났다. 또한 '직장인의 심리상태' 요인으로는 '긍정적 감성'이 '부정적 감성' 보다 더 영향을 미치며, '경제적 요인(돈)'도 직장인의 행복한 삶의 기반을 형성하는 것으로 조사 결과 밝혀졌다.

'가족관계 요인' 역시 행복에 가장 큰 영향을 주는 요인으로 나타났다. 그 뿐만 아니라 '동호회 모임 및 외부 소모임'에 참여하는 것도 직장인의 행복에 긍정적 영향을 준다. 그리고 하루 6시간 이상 '수면시간'을 갖는 것도 직장인에게 긍정적 영향을 미치는 것으로 나타났다.

직장인의 행복모형에 따른 행복 증진법

앞에서 살펴본 발표 내용은 더 나아가서 직장인의 행복모형을 설정하고 이 모형에 따라 직장인의 행복 증진방안을 제시하고 있다.

직장인의 행복 3대 핵심요소로는 첫째, '마음의 건강'(나와 '나 자신'), 둘째, 업무 중요도 '의미와 성장'(나와 '업무') 그리고 셋째, 직장관계에서 상사 또는 동료의 '지원적 관계'(나와 '다른 사람들')를 꼽고 있다. 그리고 한편으로 이 3대 핵심요소의 바탕 위에, 경제적 수입원 확보로 '안정적인 삶'의 기반을 구축하는 것으로 설정하고 있다.

여기서 첫 번째인 '마음의 건강'은 긍정 감성, 부정 감성, 에너지, 여가시간 등이 구성 인자이다. 두 번째인 '의미와 성장'은 업무 자신감, 업무 의미감이 구성 인자이다. 세 번째 직장조직 내의 '지원적 관계'로는 조직/상사 지원, 동호회가입, 직장친구, 가족관계 등이 구성 인자이다.

그러면 이와 같은 3대 핵심요소의 구성 인자로 '직장인의 행복'을 어떻게 증진시킬 수 있는가? 또한 그 증진방안은 무엇인가를 살펴보면 다음과 같다. 행복의 주체는 '나'라는 관점에서 개인이 주도적으로 이 행복 증진 방안을 실행하고, 그와 동시에 조직과 상사의 지원 등 기업과 관리자의 지원 방안을 함께 다루어 보는 것이 바람직하다.

이를 요약하여 정리하자면, '직장인의 행복' 증진 방안은 이 3대 핵심요소를 기초로 하여 각 요소별로 각각 2개씩 세분하여 모두 6대 세부 증진 방안으로 달성 방안을 마련하여 추진한다는 것이다.

3대 핵심요소 중 첫째 '마음의 건강'은 **긍정감성 높이기**(건강한 마음기반 구축)와 **에너지 충전**(활력 유지하기)으로 구성되고, 둘째 '의미와 성장'은 일의 **의미창조**(일에 생명 불어넣기)와 **강점개발**(성장의 디딤돌)로 구성된다. 그리고 세 번째 '지원적 관계'는 **감성 리더**(행복 전염의 출발점)와 **사회적 관계**(함께하는 즐거움)로 이루어진다.

그리하여 모두 여섯 개 항목의 직장인 행복 증진 방안이 형성되는 것이다. 직장인의 행복을 증진시키는 이 6개의 세부 증진 방안을 다음과 같이 하나씩 살펴보자.

건강한 마음의 기반인 긍정감성을 높이는 방안

긍정성을 높이는 1차 주체는 자기 자신이다. 따라서 긍정감성의 중요성을 인식하는 것이 전제조건이다.

미국 심리학자 프레드릭슨은 '긍정정서가 생각과 행동을 확장하고, 능력을 구축한다'는 내용의 '확장 및 구축이론'을 주장했다. 긍정감성이 높아지면 실제로 학습능력과 창의성이 높아지고 많은 아이디어가 창출된다는 것이 여러 연구결과를 통해 입증되고 있다.

긍정감성의 효과는 생물학적으로도 검증되었는데 긍정감성을 가질 때 뇌에서 분비되는 도파민과 세로토닌은 학습중추를 자극하여 정보를 받아들이고 처리하는 능력을 제고시킨다는 것이다. 어떤 생각(믿음)을 갖느냐에 따라 실제 결과도 다르게 나타나므로 의식적으로 긍정적 기대와 감성을 갖도록 노력하게 된다.

심리적 기대는 뇌 속에 현실상황과 거의 동일한 패턴을 만들어 내고, 실제로 기대와 유사한 결과를 창출하게 된다는 것이다. 즉, 긍정적 기대를 가지면 긍정적 결과를 나타날 가능성이 증대된다. 어떤 사건과 결과는 바로 연결되는 것은 아니며, 그 사이에는 반드시 개인의 믿음이라는 연결고리가 있고 이 믿음에 따라 결과가 달라진다는 주장이 있다.

긍정적 감성을 지속적으로 유지하기 위해서는 좋은 경험을 많이 하는 것이 중요하다. 또한 좋은 경험은 그 경험의 강도(强度)보다는 빈도(頻度)를 중시해야 한다는 점을 꼭 기억해야 하는 점도 중요하다.

인생에서 한두 번 큰 사건이 행복을 가져다주는 것이 아니라 일상에서 소소하게 일어나는 많은 종류의 좋은 일들이 행복을 좌우한다는 말이다.

예컨대 한 번의 좋은 사건, 즉 복권 당첨 또는 주택 구입 등은 그 순간에는 큰 행복을 주는 게 확실하지만 어떤 일이 일어났을 때 느꼈던 감정이 시간이 갈수록 사라지고 다시 이전 수준으로 돌아오는 심리과정인 '쾌락적응'(hedonic adaptation)으로 인해 그 감정이 계속 똑같은 수준으로 지속되지는 않는 것이다.

따라서 가족과의 행복한 시간, 다른 사람에게 친절 베풀기 등 일상에서 긍정적인 일을 많이 경험하는 것이 행복을 유지하는 데 훨씬 중요하다고 말할 수 있다.

어떤 학자는 긍정감성을 높이는 방안으로 가능한 한 작은 성공을 많이 경험할 것을 강조하기도 한다. 지속적으로 작은 성공을 이룰 경우, 자신에 대한 긍정적 평가가 높아져 자신감을 끌어올리는 데 도움이 된다는 것이다.

이 주장에 전적으로 동의하게 되는 이유는 인간은 습관의 동물이기 때문이다. 긍정적 사고야말로 우리 인생에 있어서 필수 불가결한 행동 방향인 것이다. 이미 여러 차례 언급한 바와 같이 우리는 인생을 걸어가면서 언제나 자신감을 가지고 '하면 된다, 할 수 있다'라는 신념을 마음속에 새겨두면 정말 그것이 이루어진다는 것을 알게 된다.

긍정적 감성은 회사 차원에서도 그런 분위기를 조성할 필요성이 있다. 직원을 채용할 때, 특히 영업직 직원의 경우, 기본 역량과 전문성뿐만 아니라 긍정적 조직 분위기에 도움이 되는 태도를 중시해서 채용 여부를 검토해야 한다고 본다.

예컨대 사우스웨스트 항공사의 경우, 직원 채용에 있어서 '기능이나 숙련도는 훈련하면 되므로, 태도를 보고 채용하라'(Hire for attitude, Train for skill)는 채용철학에 따라, 동료에 대한 관심과 유머감각, 팀워크를 중시하는 지원자를 우선적으로 채용하고 있다. 이는 사전적 상태보다 사후적 적응력을 우선시한다는 의미에서 사후적습관의 중요성을 강조하는 것이라고 생각한다.

활력유지를 위한 에너지 충전 방안

우리의 일상적인 건강은 휴식과 수면으로 관리해야 한다. 자신에게 휴식이 필요한 시점을 인지하면 적절히 휴식을 취하는 것이 무엇보다 중요하다. 과도한 피로감, 건강 이상 등 신체 또는 정신적으로 신호가 왔을 때 이를 무시하고 무리하게 넘어가지 않도록 항상 주의해야 한다.

특히, 직장인들은 성과주의 압박에 시달리며 시간에 쫓기는 경우가 많기 때문에 적절하게 휴식을 취하는 것은 가장 중요한 자기관리 수칙이 된다. 예를 들면, 잠시 일하던 손을 멈추고 명상을 한다든가, 점심식사 후 회사 인근을 산책한다든가, 또는 퇴근 후 가족과의 즐거운 시간을 갖는다든가, 귀가해서 잠시 독서를 한다든가, 차를 한잔 마시면서 휴식을 취하는 등 여러 가지 사례를 들 수 있다.

나는 신입행원 시절에 엄청난 업무량을 처리하는 가운데서도 점심식사 후 은행 바로 근처에 위치한 공원에서 조용히 산책을 하였다. 그

때 나는 잠시나마 일의 중압감을 내려놓고 새로운 도약을 위한 에너지를 충전하면서 나를 되돌아보는 계기를 마련하곤 하였다.

사람은 적정시간의 수면 유지가 중요한데 수면에 도움이 되는 방법에는 다음과 같은 것들이 있다.

- 정해진 취침시간 고수하기
- 수면에 적합한 물리적 환경 조성(소음 제거, 실내온도 조절)
- 침대 옆 시계 치우기
- 숙면용 음식 섭취(유제품, 콩, 녹색채소)
- 적절한 운동 유지(1주일에 3회 이상 유산소운동)

요즈음은 회사도 직원들의 건강관리에 관심을 가지고 지원하는 경우가 증가하고 있다. 어떤 회사에서는 회사가 정기적으로 직원 개인의 건강도를 체크해서 알려주면서 회사 자체가 업무와 별도로 다양한 건강관리 프로그램을 운영하고 있다. 미국 중고차판매회사인 카맥스사는 직원들에게 자신의 건강지수를 알려주고 현재의 상태를 인식시켜 준다(예: 혈압, 몸무게, 혈당 등 수치를 자동 체크해 준다). 또한 아메리칸 익스프레스의 경우는 직원 및 가족의 건강관리 종합프로그램을 설정하여 놓고 '건강한 삶(Healthy Living) 프로그램'을 운영하고 있다.

생명을 불어넣기 위한 일의 의미창조 방안

회사원이 자기가 맡은 일에 대한 소명의식을 바탕으로 자신의 일을 재창조하는 내용을 '일의 의미창조'라 한다. 따라서 직원이 그 일을 바라보는 관점에 따라 일에 대한 의미는 변화할 수밖에 없다. 즉, 일을 바라보는 태도에 따라 그 일을 직무, 경력, 소명(召命) 등 3가지로 구분할 수 있는데, 회사에서 이에 따라 「직무기술서」대신「소명기술서」를 작성하는 것이다. 다시 말해서 '일을 바라보는 3가지 관점'에 따라서 일에 대한 몰입, 노력, 태도 등이 변화한다는 말이다.

첫째, 회사원이 자기가 맡은 업무를 '직무'로 보고, 자기는 금전적, 물질적 보상 때문에 그 일을 하는 것이라는 태도를 갖는 것이다.

둘째, 회사원이 자기가 맡은 업무를 일의 '경력' 쌓기로 보는 태도이다. 그래서 자기가 성공하기 위해서 또 무슨 일을 했다는 명성과 그 같은 인정을 얻기 위해서 일한다고 보는 것이다.

셋째, 회사원이 자기가 하는 일을 '소명감'을 가지고 그 일을 하는 것을 하나의 '부름'을 받은 것이라고 생각하면서 수행하는 경우이다.

이와 같이 일의 의미를 찾으면 생산성도 함께 증가하고 향상된다. 그것은 일의 의미를 느낌으로써 목표에 지나치게 집착하고 조급해 하는 태도에서 벗어나 과정이 가져다주는 의미와 즐거움을 음미하게 된다. 따라서 더 크고 중요한 목적에 자신의 시간을 사용함으로써 행복감을 느끼게 되는 것이다.

이 같은 사실은 어느 연구기관에서 실제로 5,000명의 임원을 대상으로 조사한 결과, IQ나 EQ보다도 MQ(의미지수: Meaning Quotient)가 더 일에 대한 몰입도를 높이는 것으로 입증되었다.

실제로 신입행원 시절에 나는 무거운 업무량을 완수하면서도 일 때문에 화가 나거나 짜증을 낸 경우가 없었다. 그때는 열심히, 성실히만 하면 좋은 경력을 쌓게 되고, 또 맡은 일을 하자 없이 깨끗하게 마무리 하여야 한다는 소명감을 가지고 일에 열중했던 것 같다.

성장의 디딤돌인 강점개발 방안

우리는 회사 일을 하면서 약점 개선보다는 강점에 집중하면 몰입과 행복이 더 빨리 증가한다는 사실을 발견할 수 있다. 이는 연구결과로 도 밝혀진 사실이다.

개개인이 가진 고유의 강점(항상 완벽에 가까운 성과를 낼 수 있는 능력)을 개발하 면 업무에 활용할 수가 있는 것이다. 따라서 일에 강점을 발휘할 수 있 는 사람은 그렇지 않은 사람에 비해 업무에 몰입할 확률이 6배가 더 높 다는 결론에 이르게 되었다.

또한 컨설턴트인 버킹엄은 강점을 발굴하고 그 장점을 항상 들여다 보며 일상생활 속에서 실행하는 것이 진정한 행복에 이르는 가장 빠른 길이라고 주장하고 있다.

왜냐하면, 자신의 강점을 개발하는 편이 약점이나 부족한 것을 채우 려는 결핍동기보다 더 나은 자신의 모습을 위해 노력하는 성장동기에 집중하는 것이 더 큰 의미를 가지기 때문이다.

우리가 살아가는 동안 자신의 약점(결핍동기)을 뜯어고치고 보완하려 고 노력하는 것은 당연하지만, 이와 동시에 자신의 강점(성장동기)을 개 발하고 증진시키는 것이 더 효율적이라는 것을 우리는 잊지 말아야 할 것이다.

이는 타이거 우즈의 강점 집중 사례에서 확인할 수가 있다. 골프 천재인 타이거 우즈가 자신의 골프 실력을 높이기 위해서 사용하는 전략이 바로 '잘하는 것은 더욱 잘하게, 못하는 것은 평균 수준이 되도록 노력'하는 것이다. 우드의 강점은 스윙과 롱 드라이브이며 약점은 샌드 세이브 기술이다.

세계 83위에 불과한 샌드 세이브 기술 대신 타이거 우즈는 스윙과 롱 드라이브 연습에 대부분의 시간을 할애하였다. 스윙과 롱 드라이브가 좋으면 공이 모래에 빠질 확률이 줄어들기 때문에 자신의 약점인 샌드 세이브 기술을 사용해야 할 상황 자체가 덜 발생하기 때문이다.

타이거 우즈처럼 자신이 가장 잘할 수 있는 일에 더 많은 시간을 할애하면 걱정이나 스트레스, 분노, 슬픔, 신체적 통증을 덜 느끼게 되고, 장점에 집중했을 때 초월적인 행동이 발생할 가능성이 증가되는 것이다. 여기서 초월적 행동이란 자신에게 요구되는 것 이상으로 성과를 이루어 내고 제약을 제거하거나 극복하며, 기회를 만들고 포착함으로써 보통 이상의 변화를 만들어 내는 것이다.

따라서 자신의 강점을 바탕으로 꾸준히 노력하면 더욱 성장과 성취를 이루어 낼 수 있게 될 것이다.

직장생활 속에서 우리가 항상 느끼는 것은 '적재적소'(適材適所)라는 말에 대해서이다. 인사 배치를 할 때면 이 원칙이 늘 인사권자의 뇌리에서 떠나지 못하는 이유는 바로 조직운영의 성과를 빠른 시간 안에 달성하는 데는 업무 담당자의 적응력(약점 보완보다 강점 개발력이 더 시간을 단축하는 성과 기대감)이 더 요구되기 때문일 것이다.

행복 전염의 출발점인 감성 리더를 위한 방안

회사 조직의 리더는 매우 중요한 위치에 있다. 리더의 긍정적인 말과 행동은 부서 전체의 분위기를 좌우한다. 그 이유는 리더의 감정이 각 구성원에게 전염되고 조직의 성과에도 영향을 주기 때문이다. 그리고 조직그룹의 감성 환경은 언어나 비언어적 행동을 통해 활성화되고 강화되면서 조직 내에서 정서규범으로 정착된다.

따라서 리더가 부하직원과 일상적인 대화에 집중하고 경청하는 것만으로도 긍정감성을 형성할 수가 있다. 리더의 인정과 격려는 직원을 행복하게 할 뿐만 아니라 성과에도 긍정적 영향을 준다.

이와는 반대로 리더가 구성원의 에너지를 빼앗아 가는 경우는 리더와 함께 일을 하는 경우, 부정적인 감성이 증폭되고 일에 집중하기가 곤란하게 될 것이다. 긍정적 피드백은 내재동기를 촉진하고 업무의 몰입도를 끌어올리는 중요한 수단이 된다.

부하 직원을 리더가 칭찬할 때, 또는 긍정적인 피드백을 할 때에는 올바른 표현으로 노력과 전략을 칭찬하며, 보다 구체적으로 칭찬하고, 칭찬할 이유가 있을 때에만 칭찬해야 한다.

함께하는 즐거움을 위한 사회적 관계 방안

직장 내에서 사회적 관계를 견고하게 구축한 사람은 행복하다. 따라서 훌륭한 사회적 관계를 구축하여 행복감을 증진시킬 필요가 있다. 회사 내의 동료와 좋은 관계를 형성하면 활력이 생기고, 상대방에 대해 존중감을 느끼게 되며, 상호성(동질감 : 적극적인 참여 느낌)을 경험하게 될 것이다. 더욱이 행복한 사람과 직접적인 접촉을 유지하면 덩달아 자신도 행복해질 가능성이 증가하게 된다.

친구를 사귀는 것은 사회적 관계를 확장하는 대표적인 방법이다. 더욱이 직장 내의 동료들과 친밀한 관계를 쌓아가면서 서로 배려하게 되면 긍정적 감정이 조직 전반으로 확산되고 더 나아가서 '자기확장이론'에 의거하여 긍정감성이 자신과 상대방 간의 일치되는 마음을 강화시켜 그 조직 내에서 좋은 인간관계를 형성하는데 도움이 될 것이다.

좋은 일에 감사하고 타인에게 친절을 베풂으로써 사회적 관계를 확장시켜 나아가게 될 것이다. 감사하는 마음은 파괴적인 대인관계에 빠져들지 않도록 보호막 역할을 해준다. 그 뿐만 아니라 '자기발전적인 선순환'을 유발하게 된다. 그리하여 타인에게 친절을 베풀고 사회적 관계를 확대하게 되는 것이다.

Dream

Life

Design

Chapter 4

인생 후반기의
기본설계

기대여명의 변화

신중년 세대 – 나이는 숫자에 불과하다?

10년 전에는 50대를 중년, 60~70대를 노년이라고 불렀다. 그러나 지금 즉, 2014년에 와서는 이 공식은 깨졌다.

C일보사가 K대학 A병원에서 2002년과 2012년에 건강검진을 받은 신중년 1,488명의 건강기록을 전수 조사한 결과, 이들은 10년 전 같은 나이 대의 중년보다 확실히 체력도 좋고, 체질도 개선되었다.

신중년은 10년 전보다 손아귀로 무엇을 쥐는 힘인 악력이 4.7% 늘어났다. 육체노동자에게 아주 중요한 요소인 악력이 4.7%나 늘었다는 것은 신중년이 7년 정도 젊어졌다는 의미라고 C일보 칼럼은 결론지었다.

2013년을 기준으로 할 때, 신중년 세대는 1938~1953년생의 연령대가 여기에 들어온다. 이렇게 볼 때, 신중년은 일제강점기 → 8·15 광복(1945년) → 한국전쟁(1950년) → 산업화시대(1960~80년대)를 거쳐 IMF 외환위기(1997년말~1998년)와 글로벌 금융위기(2008년)까지 우리 역사의 질곡(桎梏)을 온몸으로 겪은 특별한 세대이다.

다시 말해서 지금의 이 신중년 세대는 한국이 세계사에서 아무런 존재감이 없었던 암울한 시대에 태어나서 오늘날 세계사에 우뚝 솟아오르게 하는 데 있어 그 경제발전의 토대를 닦고 다진 세대라고 불리고 있다.

오늘날 바로 이 세대(신중년 세대)가 '100세 시대'를 맞이하여 평생 근로를 해야 하는 첫 번째 세대가 되고 있다. S생명과 C일보사가 공동으로 2013년 6월 전국의 만60~75세 남녀 500명을 대상으로 '건강과 일자리'에 대해 가지고 있는 주관적인 의식을 심층 설문 조사를 실시했다. 그 결과, 신중년들은 '실제 나이보다 젊게' 느끼며, 일자리는 '체력이 허락하는 한 평생 일하고 싶다'(98%)라고 응답했고, 응답자의 70%가 '자신이 건강하다'고 느끼고 있었다.

이상의 자료 내용을 기준으로 볼 때, 신중년 세대는 더 일할 능력과 풍부한 경험, 그리고 건강을 지니고 있는 것으로 확인되었다. 따라서 이 자료에 기초한 정부 당국의 새로운 패러다임의 경제정책이 나오게 될 것은 분명하다. 이 세대는 여기에서 분발하여 꾸준히 노력만 한다면 제2의 새로운 인생, 새로운 시대가 열리게 될 것이다.

신중년의 고용을 높이면 경제성장도 뒤따른다

이와 같은 신중년 세대를 고용정책과 연계해서 연구 분석한 자료가 있다. C일보와 H경제연구원이 합동으로 조사 분석한 결과, 60세 이상 고용률이 과거 10년 동안에 매년 1% 포인트씩 상승하여 현재는 40%에서 앞으로 10년 동안에 10% 더 높아진다면 50%까지도 가능할 것이다.

이와 같은 가정을 가지고 앞으로의 한국 경제성장률을 추정한 결과 매년 0.3% 포인트씩 성장률을 끌어올릴 수 있다는 추정을 하고 있다. 이 시나리오 분석은 신중년이 생산·소비에서 차지하는 비중과 취업자 비율, 노동생산성 등을 감안해서 계산된 수치이다.

가. 신중년 세대의 일자리는 청년층 일자리도 함께 늘린다

• 1968~2005년 영국 노동시장 분석 결과 고령자의 노동시장 참여가
  늘어날수록 청년층 고용이 늘었다. - 영국 재무학연구소

- 고령 근로자의 능력이나 생산성은 연령 자체보다는 어떻게 일을 조직하는가에 달려 있다. – 핀란드 국립직업건강연구소
- 전문직 기술·경험 중심의 고령 노동력과 청년 노동력은 질적으로 다르다. – 일본 후생노동성
- OECD 고용노동사무국 수석 에코노미스트인 폴 수아임에 의하면, "OECD의 최근 조사에서 노인 일자리와 청년 일자리가 함께 늘어나는 것"으로 나타났다. 폴 수아임은 사회 전체의 일자리가 정해져 있기 때문에 고령층이 일자리를 차지하면 청년층의 일자리가 줄어든다는 '노동총량법칙'(lump of labour)의 오류를 강하게 지적하였다. "영국 등에서는 이 법칙이 틀렸다는 사실이 이미 입증되었으니 한국 사회도 마찬가지일 것"이라고 그는 내다보았다.

OECD가 최근 발표한 '고용전망보고서'에 따르면, 1997년부터 2011년 사이 OECD 25개 회원국의 노동시장을 분석했는데, 그 결과 55~64세의 고용률이 1% 포인트 올라가면 청년층 고용률이 0.3% 포인트 증가하는 것으로 나타났다. 또 OECD가 12개 회원국을 조사했더니, 55~64세가 추가 취업을 해도 청년층이 일자리 시장 밖으로 밀려나지 않는 것으로 나타났다.

이와 같이 이들 선진국들은 상황에 맞추어 적절하게 두 계층 간 노동력을 활용하여 신중년과 청년의 일자리가 공생(共生)할 수 있도록 유도하고 있다.

나. 고령층과 청년층은 같은 영역에서 경쟁하지 않는다

– 기업이 두 계층을 함께 고용하면 상호보완 상생효과 발휘

OECD 고용노동사무국의 수아임 수석의 해설에 의하면, "'노동총량 법칙은 일자리 수는 고정돼 있다'와 '노동시장에서 고령층과 청년층 간 관계는 대체관계적이다'라는 두 가지 전제를 깔고 있지만, 여러 실증연구를 통해 이 전제가 실제로는 정반대라는 사실이 드러났다"고 설명한다.

수아임 수석은 "고령층–청년층 간 일자리 문제를 제로섬(zero-sum) 식으로 생각할 필요가 없다"라고 덧붙였다.

어떻게 고령층 일자리와 청년층 일자리가 충돌하지 않는 것일까? 이에 대해 수아임 수석은 "고령층과 청년층 대다수가 서로 같은 영역에서 경쟁하는 관계가 아니기 때문에 갈등이 빚어질 가능성은 매우 낮다"라고 말한다.

이어서 그는 "청년층과 노년층은 갖고 있는 기술과 선호 직업이 매우 다르고 더 나아가서 기업 입장에서 볼 때도 청년층과 노년층은 서로 '상호보완적인' 기술을 갖고 있기 때문에 그들을 함께 고용하는 것이 기업에도 이득이 된다"라고 말하고 있다.

하지만 이 방식을 도입함에 있어서는 '임금피크제' 도입 등 제도보완이 전제가 되어야 하는 일이기도 하다. 말하자면 정책적 노력이 필요하다는 대목이다.

지금까지의 내용으로 볼 때 앞으로 신중년 세대의 등장과 때를 같이

하여 노동시장의 새로운 패러다임이 정책적 과제 실현과 더불어 눈앞에 부상하고 있는 현실을 우리는 간과해서는 안 될 것이다.

제2인생의 진입 준비

'은퇴'(retire)라는 말은 타이어의 '낡은 바퀴를 새 바퀴로 바꿔 다는 것'(re-tire)을 의미한다. 따라서 계속해서 달려가는 일은 은퇴 전후가 다를 바 없다.

100세 시대에서 60세대의 은퇴는 끝이 아닌 또 다른 시작일 뿐이다. 우리는 이 책의 첫 머리에서 인생이 "처음 성공을 했을 때 그것이 끝이 아니라 더 높은 성공을 위한 새로운 첫 출발이다"라고 말했던 것을 기억할 것이다.

노년기는 생애주기가설 이론에 따르면, '인생 쇠퇴기'이다. 이 시기는 성장기 다음의 성숙기(중-장년기)를 지나서 마지막 단계인 인생 쇠퇴기로서 바로 은퇴기에 해당된다. 따라서 제2인생의 진입에 대비하여 미리 준비를 해 두어야 한다.

노년기를 위한 기본설계 범위와 주 내용은 은퇴에 대비하는 준비 단계에 해당하는 여러 가지 기본적 사항을 찾는 것이다.

「명심보감(明心寶鑑)」에 이르기를,

少年易老 學難成하니
一寸光陰 不可輕하라

소년은 쉬이 늙고 학문은 이루기 어려우니
짧은 시간이라도 가벼이 여겨서는 안 된다.

이 말은 오랜 옛날부터 우리에게 전해 내려오는 명언이다. 나는 이 명언을 다음과 같이 일부 변형해서 인생살이의 근본으로 삼아 오고 있다.

少年易老 生難成하니
一寸光陰 不可停하라

소년은 쉬이 늙고 인생은 꿈을 이루기 어려우니
짧은 시간이라도 쉬지 말고 노력하면서 나아가라.

이렇게 배울 학(學)을 날 생(生)으로, 가벼울 경(輕)을 머무를 정(停)으로 바꾸면 훌륭한 새 인생 지침서가 되는 것이다.

「채근담(菜根譚)」에는 다음과 같은 내용의 '빈천쇠로'(貧賤衰老)란 제목의 말이 있다.

처부귀지지(處富貴之地)에는
요지빈천적통양(要知貧賤的痛癢)하고
당소장지시(當少壯之時)에는
수념쇠로적신산(須念衰老的辛酸)하라.

부귀하면서 젊고 건강한 삶을 살고자 하는 것은 사람들의 기본 욕망이다. 그러나 나이를 먹으면 기력이 쇠약해지기 마련이고, 부귀 또한 영원한 것이 아니다. 따라서 부귀하면 소장 시에 빈천과 노쇠의 고생스러운 것을 생각해야 하고 이를 방심하면 훗날 이들이 찾아 왔을 때 곧바로 나락(奈落)의 쓰라림을 맛보게 될 것이다.

현란하게 피는 꽃도 한철이요, 폭풍뇌우도 한때라는 생각을 갖고 앞을 바라볼 수 있는 삶의 태도를 기른다면, 좌절 속에서도 재기할 수 있고, 낙오되는 비극 속에 빠지지도 않을 것이다. 더군다나 노쇠 후의 쓰라림도 대응해서 나아가게 될 것이다.

얼마 전까지만 해도 은퇴라는 개념에 그리 큰 의미를 두지 않았다. 대부분이 은퇴를 하면 자신만의 자유로운 시간을 갖고 여유롭게 나머지 삶을 즐기면서 천명이 다하면 세상을 작별하는 기간이라고만 여겼던 것이다. 이는 사람의 평균수명이 은퇴 후 10여년 전후에 해당되던 시기에서 나온 결과이다.

그러나 현재는 공식 통계에서도 평균수명이 80세를 넘겼다. 그렇게 되면 현재 시점에서도 은퇴 후 적어도 20여년, 때로는 4반세기(25년) 가까이 여명을 살아 나가야 하는 것이다. 기나긴 또 하나의 제2인생은 제1인생과는 전혀 다른 삶인데, 이러한 긴 삶에 대비하여 준비를 하는 것은 소망이 아니라 필수인 것이다. 이 점에 우리는 주목해야 한다.

'논어'(論語) 및 '예기'(禮記)에서 사람의 나이에 대해서 다음과 같이 비유하였다.

지학(志學): 15세 – 학문에 뜻을 두기 시작함.

약관(弱冠): 20세 – 남자 나이 스무 살에 관례(冠禮)를 치루어 성인이 됨.

이립(而立): 30세 – 모든 사물의 기초를 세움.

불혹(不惑): 40세 – 세상일에 흔들리지 않음.

상수(桑壽): 48세 – 상(桑)자를 십(十)이 4개와 팔(八)이 1개인 글자로 파자(破字)하여 48세로 봄.

지천명(知天命): 50세 – 天命을 아는 것. 지명(知命)이라고 약칭하기도 함.

이순(耳順): 60세 – 경륜과 사려판단이 성숙하여 남의 말을 받아들임.

화갑(華甲): 61세 – 화(華)자는 십(十)이 6개이고, 일(一)이 1개라고 해석하여 61세를 가리킴. 환갑(還甲) 또는 회갑(回甲)이라고도 함.

진갑(進甲): 62세 – 환갑보다 한 해 더 나아간 해라는 뜻.

고희(古稀) 또는 종심(從心): 70세 – 뜻대로 행하여도 도리에 어긋나지 않음.

희수(喜壽): 77세 – 희(喜)의 초서체가 칠(七)이 3번 겹쳤다고 해석하여 77세를 의미함.

산수(傘壽): 80세 – 산(傘)자를 팔(八)과 십(十)의 파자(破字)로 해석하여 80세를 의미함.

미수(米壽): 88세 – 미(米)자를 팔(八)과 팔(八)의 파자(破字)로 보아 88세를 의미함.

졸수(卒壽): 90세 – 졸(卒)자의 약자를 구(九)와 십(十)으로 파자(破字)하여 90세로 봄.

망백(望百): 91세 – 91세가 되면 백 살까지 살 것을 바라본다 하여 망백이라 함.

백수(白壽): 99세 – 일백 백(百)자에 한 일(一)자를 빼면 흰 백(白)자가 된다 하여 99세로 봄.

상수(上壽): 100세 – 사람의 수명을 상·중·하로 나누어 볼 때, 최상의 수명이라는 뜻.

우리의 은퇴기는 이순(耳順)의 시기이다. 제1인생에서 쌓은 경륜과 판단력을 토양으로 하여 새로운 제2인생 여명인 상수(上壽)까지 준비하여야 할 때이다. 지금까지 강조한 제2인생의 준비는 크게 지식 재무장, 일자리 갖기, 건강관리 등 세 가지로 요약할 수 있다.

제2인생 3단계 설계도

제1단계: 정년 후의 학습

노화와 공부의 상관관계

우리의 평균수명이 100세 시대에 접어들고 있다. 정년(60세) 후의 40년 가까이 되는 긴 세월을 어떻게 보낼 것인가? '제2의 인생'을 시작하는 이 시점에서는 지금까지 도전해 보지 못하고 마음속에 품고만 있었던 분야에 단단히 마음먹고 도전해 보는 것은 어떻겠는가?

이를 위해서는 노년기 인생이 먼저 어떤 것이 되었든 공부를 하는 것이 중요하다. 정년 후의 공부 방법은 대입준비와는 완전히 달라서 지식의 인풋(input: 投入)이 아니라 아웃풋(out-put: 産出)에 중점을 두어야 한다. 다시 말해서 새로운 지식을 투입하는 공부가 아니라 자기가 지금까지 가지고 있던 지식을 새롭게 가치부가하고, 기술첨가해서 새롭게 창출하게 하는 공부인 것이다.

정년 후의 인생은 새로운 사람, 또는 새로운 지식에 접하면서 노화를 방지하고 삶을 재충전해 가면서 살아갈 수 있다.

노년기 공부는 어떤 방법으로 하여야 하는가? 여기서 노년기 공부 방법에 있어서 기억력, 사고력 등 그 구체적인 방법론을 제시하는 것이 이 제1단계의 목적이다.

정년 후를 대비한 학습과정을 이수하여 성과를 거둔다면 앞에서 설명했던 바와 같이 신중년 세대의 등장과 때를 같이하여 떠오르게 될 노동시장의 새로운 패러다임이 정책적 과제로 실현되면서 가시적으로는 노년기의 학습이 커다란 원동력이 될 것이다.

혹자는 '정년 이후에도 공부를 해야 하는가?' 하고 자조(自嘲) 섞인 말을 던질 수도 있다. 그러나 여기서 한번 깊이 들어가 보면 공부와 건강은 상호 연결고리로 엮여 있다는 사실을 발견할 수 있다는 것을 힌트로 제시하고자 한다.

정년 후 65세를 초과하면 고령자로 불리고 마치 '인생 폐기물'처럼 느껴지기 때문에 개인 문제 차원을 넘어선 심각한 사회 문제가 되고 있다. 예컨대 젊었을 때에는 운동을 하다가 골절상을 입어도 한 달 정도면 거뜬히 치료되어 걸어 다니지만, 고령자의 경우는 감기만 걸려도 폐렴이 되어 한 달 이상이 넘어도 회복이 안 되고, 침상에서 떠나지도 못하며, 심한 경우에는 사망에 이르기까지 한다.

인간의 뇌(brain)도 마찬가지이다. 해를 거듭해 가면서 뇌를 계속 사용하지 않으면 점점 뇌가 쇠퇴하는 지경에 이르게 된다. 뇌세포가 감소하는 것이다. 거기에 더하여 정년 후 생존 기간이 길어지는데, 60세에 정년퇴직을 하면 여생이 평균 30~40년 이상 남게 되는 것이다.

정년 후의 공부는 중요한 건강법이다. 이는 작가나 문화계 인사가 나이보다 젊게 그리고 장수하는 경우가 많은 데서도 알 수 있다. 실제적으로 나이가 들어서는 지적기능이 높으면 높을수록 생존율도 높아진다는 연구 조사결과가 일본에서 나왔다.

그러면 자신이 정년 후에 무엇을 공부할 것인가를 결정하는 일이 중요해진다. 정년 후의 공부에 대해서 말하자면, 연금만으로는 충분하지 않아서 취업을 확보하기 위해서거나 정년 후의 경력 변경을 위해서, 또는 노후 취미나 몰입하고 싶은 영역개발을 위해서 등등 여러 가지 목적과 동기가 있을 수 있다. 그 뿐만 아니라 앞서 언급한 뇌의 노화예방을 위해서 공부하는 경우도 있을 것이다.

이와 같이 노년기 공부 또는 자기개발을 하면 육체적으로 건강을 유지하고, 정신적으로 충만한 보람을 얻게 됨으로써 새로운 단계의 경지에 도달하게 된다.

장수하려면 공부를 하라

노년정신의학 전공을 한 의사들의 말을 빌리면, 사람이 늙는 것은 노년기에 뇌가 위축되어 일어나는 현상인데, 그것은 '인간적 감정'을 담당하는 '전두엽'(前頭葉)(뇌의 앞 쪽에 있는 부분)이 위축되어 일어나는 '감정의 노화'가 가장 중요한 변화 요인이다.

이들 의사의 말에 의하면, 사람의 노화는 빠르면 40, 50대부터 시작하여 진행되는데 이 현상이 계속 진행되면 향상심리나 의욕이 점점 떨어지고 쇠퇴한다. 중년으로 접어들면서 이 같은 '감정의 노화' 속도가 크게 영향을 미친다.

이웃 나라 일본의 경우에는 남성은 60세 정년 이후에도 평균 20년이 넘도록 살고 있다. 일본인 남성 평균수명은 79.64세(2012년 기준)이며 여성의 평균수명은 86.39세이다.

통계청이 2013년 12월 발표한 우리나라의 2012년 생명표에 따르면 남성의 경우 건강수명은 65.2세, 기대수명은 77.9세이고, 여성의 건강수명은 66.7세, 기대수명은 84.6세로 나타났다. 여자가 남자보다 6~7년 더 길며, 남녀의 평균 기대수명은 1년 전보다 0.2년 증가에 그치고 있어 그동안 남녀의 기대수명이 크게 늘어나면서 증가폭은 갈수록 둔화되고 있다.

이처럼 기대수명은 크게 늘어났지만 건강수명은 그다지 길지 않은 게 현실이다. 기대수명은 OECD 회원국 평균보다 남자는 0.6년, 여자는 1.8년 더 높지만 건강수명은 남자 65.2년, 여자 66.7년으로 추정돼 평균 66년이다. 이는 질병이나 사고로 인해 아프지 않은 기간을 말한다. 이로써 알 수 있는 것은 남자는 12년을 골골하면서 78세까지 살고, 여자는 18년 골골하다가 84세까지 사는 셈이다. 그만큼 삶의 질이 떨어진다는 것을 나타내주고 있다.

현재 60세의 평균여명은 남성 22.84세, 여성 28.37세이다. 60세까지 살아 있는 남성의 경우 평균적으로 82.84세까지 산다는 것이 된다. 따라서 정년 후 많아진 시간들 속에서 단순히 꽃을 가꾼다거나, 그림을 그린다거나, 여행을 한다거나, 책을 읽는다거나 등으로는 그 많은 여생을 도저히 메울 길이 없기에 문제가 된다.

이와 같이 시간이 넘쳐나는 기나긴 여생을 풍요롭게 보내기 위해서는 될 수 있는 한 일찍 '감정의 노화' 속도를 억제할 필요가 있다. 그렇다면 '감정의 노화' 속도는 어떤 방법으로 예방할 수 있는가? 그것은 바로 '공부'를 하는 것이다.

공부는 전두엽을 자극하고 감정의 노화를 방지할 수가 있다. 이미 살펴본 바와 같이 인생의 공부는 크게 두 번이 있다. 첫 번째는 초등학교, 중학교, 고등학교, 대학교 등 총 16년간의 교육과정이고, 두 번째는 정년 후의 공부이다.

정년 후 공부는 두 가지 부분으로 나눌 수 있는데, 그 하나는 '건강법으로서의 공부'이고 또 다른 하나는 '자기실현을 위한 공부'이다.

정년 후의 공부는 건강법이다

네덜란드의 어느 대학에서 최근 조사 발표한 내용을 보면, 늙어서도 높은 지식을 가지고 있으면, 그 만큼 긴 여명(餘命)을 기대할 수 있다고 밝혔다.

공부는 실제로 장수의 비결이며, 나이를 더 먹어 갈수록 더욱 유용한 건강법이 바로 공부라고 하였다. 여기서 우리에게 암시를 주는 대목이 있다. 즉, 이제는 노년기에 질병에 걸리느냐 아니냐 하는 것보다는 두뇌를 사용하고 있느냐 아니냐가 더 중요하다는 점이다. 따라서 우리는 사망률을 내리기 위해서는 두뇌를 단련시키는 것이 무엇보다 중요하다는 사실을 늘 기억하는 게 좋다.

예컨대, 조깅이나 걷기 등으로 열심히 혈압을 내리게 한다든지, 콜레스테롤을 내리게 하는 것도 좋지만, 일(업무)을 한다든가 두뇌를 활용해서 공부를 하는 것은 더욱더 건강에 유익하다는 것이다.

학업의 목적은 '무엇을 결정하는 방법을 알아내는 것'이며, 또 다른 목적은 '자기실현'을 위한 것이 있다. 이 두 번째 목적은 지금까지 이루어지지 않은 '꿈'이나 '목표'를 지향하면서 이를 성취하기 위한 방법으로서, 새로운 분야의 학위 또는 자격증 취득을 목표로 삼는 방법도 있다. 이러한 방법들은 은퇴 후 젊은 계층과 경쟁에서 유리한 고지를 선점하게 되고, 또 자기실현의 목적을 지닌 공부인 것이다.

정년 후 이상적인 직업으로는 일본의 경우 '임상심리사'인 것으로 나타났다. 지식사회 시대에는 생애학습을 통해서 높은 수준의 지식을 보유하는 것이 그 사회에서 생존하는데 필요한 자격증이 되는 셈이다.

피터 드러커가 밝힌 '지식사회'의 정의에 의하면 그 사회에서는 지식이 생산수단의 주축을 담당하고, 두뇌에 얼마나 지식이 축적돼 있느냐가 아니라, 그 지식을 얼마나 잘 out-put해서 가공함으로써 이윤을 창출할 수 있는 사람인가가 현명한 사람이라고 말한다. 다시 말해서 '창조적 사고와 지식'이 중요한 몫을 담당하게 되는 것이다.

더 나아가 인터넷 시대인 지금은 존경받는 노년기 세대가 되려면 지식에서 더 나아가 '사고(생각)의 심도 있는 깊이'라고 말하고 있다. 즉, 어떻게 하면 사람의 마음을 이끌어 내어 out-put을 할 수 있느냐가 관건인 것이다.

창조성을 중시하는 공부(out-put 공부)는 나이가 들수록 쇠퇴하기 쉬운 전두엽을 단련시키는 효과가 있다. 즉, 노화속도(전두엽의 쇠퇴속도)를 약화시킨다. 여기서 전두엽의 기능은 의욕, 창의성 부분을 담당하고 있다. 따라서 이 부분이 손상을 입는다거나 뇌손상(腦損傷)이나 뇌경색이 발생하면, 의욕이 상실되고 喜, 怒, 悲, 驚 등의 감정이나 사고가 대체되지 않는 상태가 되어버린다.

인간의 뇌 조직에는 의욕이나 창조성을 담당하는 전두엽 외에도, 언어성 IQ를 높이는 측두엽이 있으며, 퍼즐(수수께끼)이나 수학문제를 푸는 능력 등 동작성 IQ를 높여주는 두정엽이 있다.

이렇게 보면, 젊은 시절의 공부는 컨텐츠(contents: 의미, 뜻) 공부이고, 정년 후의 공부는 노하우 공부라 말할 수 있다. 다시 말해서 전자는 in-put형 공부이며, 후자는 out-put형 공부이기 때문에 정년기 이후의 공부법은 젊을 때 했던 공부 방법과는 정반대로 하는 공부이다.

정년 후의 기억술

젊은 세대와의 경쟁에서 뒤지지 않기 위해서 무엇보다 중요한 것은 기억력일 것이다. 그렇다면 젊은 세대와 겨루기 위해 꼭 필요한 기억력을 높이려면 무엇이 필요할까? 바로 뇌 훈련이 필요하다.

기억에는 여러 종류가 있다. 절차적 기억, Priming기억, 의미기억, 단기기억, 에피소드기억 등 다양하다. 절차적 기억이란, 젓가락 사용법, 화장실 사용법, 공 던지기 등 유소년기의 첫 행동 기억이다. priming기억이란 공중화장실 색깔, 시내버스 색깔(그린, 옐로우, 레드) 등 1차적 기억에 의해서 보통 의식되는 것을 말한다. 의미기억은 사물의 의미를 뇌 속에 기억하는 것을 말하며, 대부분 통째로 기억한다.

한편, 언제 어디서 기억했는가를 회상하는 기억이 에피소드 기억이다. 여기서 의미기억, 에피소드 기억, 절차적 기억 등은 '장기기억'에 분류되고, 잊어버리는 것을 전제로 하는 기억을 '단기기억'이라 한다. 심리학에서는 엄밀하게 말해서 '단기기억'은 30초에서 길어야 몇 분 정도이며, 그 이후로는 잊어버리고 마는 기억들이다. 전화번호 외우기가 예가 된다.

위에서 소개한 여러 가지 기억 가운데 중요한 기억은 의미기억과 에피소드 기억이다. 이 두 기억은 다음과 같이 3단계로 나누어져 있다.

입력단계의 「記入」(in-put) → 장기간 기억되는 「保存」(saving: 저장기간) → 출력단계의 「想起」(out-put)가 그것이다.

노년기의 학습에서 기억술은 이 세 가지 단계에 따라 달리 대응조치를 해야 한다. 예컨대 의미기억은 뇌 속에 사전을 만드는 작업과 같아서 젊은 연령층이 탁월하다. 그러나 에피소드 기억은 이해 또는 체험을 수반해서 기억하는 것이기 때문에 노년기 계층이 더 우월하다. 또한 흥미로운 점은 자연스럽게 기억될 수 있지만, 주의가 집중 안 되는 사항은 의도적으로 집중해야 하는데 이것이 바로 젊은 세대들에게 우월한 집중력이다. 여기서 노년층은 집중력에서 열위에 있다.

제2단계 보존은 계속적, 반복적으로 기억력을 단련시킴으로써 이를 보완할 수 있다. 따라서 자격시험을 치루는 경우에는 에피소드 기억에 의해 흥미를 유발하는 과목을 되도록 선택해서 시작하는 것이 낫다.

보존단계의 시간 길이를 연장하는 데는 복습을 되풀이 하는 것이 최선이다.

그리고 제3단계인 상기술(想起術)을 많이 적용하는 것이 기억력을 높이는 길이다. 가장 확실한 방법은 메모를 하는 것인데 연상(聯想) 메모도 효율적이다. out-put할 때 수월하게 상기할 수 있게 입력 단계서부터, 회상하기 쉬운 꺼리를 많이 함축시키고, 글자의 의미를 함께 외우며, 이미지를 덧붙여서 함축 있게 입력하는 것 등이 중요하다. 명함을 받았을 때, 상대방이 안경을 썼으면, 안경모형을 명함 뒤에 그려 놓는 것 등이 그 예라 할 수 있다.

인생을 충실하게 하는 공부 방법 – 자기실현을 위한 공부

적성에 맞는 최적 학문연구

적성에 맞는 학문을 연구하기 위해서는 무엇보다 자기 자신이 어느 분야에 지식과 경험을 가지고 있는지를 스스로 알고 있어야 한다. 이는 지난 기간에 체득한 경험뿐만이 아니라 실제로 이론적 기초가 있어야 하는 것이다.

자기 자신을 career-up 시키는 대학원에 진학하여 연구경력을 심층화시키는 것도 검토할 수 있고, 해당 분야의 전문학원에 진학하여 특수자격증을 취득하는 방법도 있을 수 있다.

또한 정규 대학원은 수학기간이 3년 이상이기 때문에 처음부터 확고한 결심이 서 있어야만 완주할 수 있다. 연구계획서를 제출해야 하고 동료 학생들의 연령계층도 천차만별이기 때문에 학업이수뿐만 아니라 인간관계 형성에서도 각별한 유의를 기울여야 한다.

정년 후의 공부는 일단 시행해 봐서 창조성이라든가 금후 성장 가능성이 없다고 생각되면 과감하게 방향을 바꾸는 편이 좋다. 따라서 시작하기 전에 면밀하게 다양한 방면으로 예의 분석해서 타당성을 확고히 해야 한다.

공부 방법 중 대학원 진학을 택한 경우에는 다음의 4가지 사항을 선택해야 할 것이다.

- 최종적인 목표 분야를 정할 것
- 소요 학자금 규모 및 소요 시간(기간), 물리적 제약 등을 사전에 인지할 것
- 도구(예: 영어회화)의 레벨을 사전에 인지할 것
- 자원(Resource: 인맥, 주변 환경, 정보)이 어느 정도 확보되는지 확인할 것

최종적인 목표 분야를 정할 것

목표를 설정할 때, 우선 생각할 것은 out-put(想起) 또는 성과물 취득이 효과적으로 가능하냐의 여부로 가장 중요한 결정사항이 된다. 이 목표 선정은 독자적으로 할 수도 있지만, 때로는 자기가 잘 알지 못하는 다른 분야의 인사들과 의견을 교환하면서 알아보는 것도 한 방법이다. 예컨대, 동창회 모임 등에서 다른 분야에서 종사한 인사들을 접촉할 수도 있고, 은행, 공무원, 기업체 등 여러 분야에서 일한 동창들과 직접 대화를 하면서 의견을 교환해 볼 수도 있다. 다만 어느 분야가 되

었든 자신이 전혀 '일하고 싶지 않은 분야'에서 모험을 할 필요는 없다는 점을 강조하고 싶다.

소요 학자금 규모 및 소요 시간(기간), 물리적 제약 등을 미리 인지할 것

정년 후의 공부는 젊은 계층의 수험공부와 다르다고 앞에서도 이야기했다. 소정의 학자금 외에도 관련 서적 구입, 연구자료 수집, 정기적 또는 부정기적 학술연구 모임 참여 등 자금과 시간이 막대하게 소요되는 게 대학원 코스이다. 따라서 이러한 세세한 내용을 미리 조사해 두어야 한다. 또 지리적 장소관계 등을 포함하여 물리적 제약조건도 미리 알아 두어야 한다.

도구(예: 영어, 컴퓨터 활용)의 레벨을 지녀야 함

어느 정도 수준의 영어실력과 컴퓨터 활용 기법을 알고 있어야 한다. 이것은 필수적인 사항이다. 만약 현재 자신의 레벨이 초기단계라면 미리 어느 수준까지는 코스를 밟아서라도 갖추어 놓아야 한다. 그래야만 모든 과정을 무난하게 끝마칠 수 있다.

자원(Resource: 인맥, 주변 환경, 정보)이 어느 정도 확보되는지 확인할 것

목표 달성을 위해서는 어느 분야의 어느 교수 또는 어느 분야 전문 인사를 알아 놓고 자문을 구한다든가, 지도를 받는다든가 해서 미리 판단력을 얻어서 결정하는 것이 좋다. 또한 최근에 발간된 목표 분야의 전문 서적이나 정보 등에 접근하여 미리 판단력을 구비하는 일도 중요하다. 이러한 자원 확보는 미리해 두어야 한다.

'노화'란 인체의 모든 기능이 점차 쇠퇴해지는 현상을 말한다. 여기에 대하여 생물학적 의미로서의 '성숙'이란 생식을 향한 기능이 정돈되어 가는 것을 말하며, 심리학의 세계에서 말하는 '인지적성숙(認知的成熟)'이란 자기 자신과는 다른 사고방식을 인정하게 되는 것을 말한다. 말하자면 노년기는 이러한 '인지적 성숙'의 단계인 것이다.

정년 후의 공부란 이를 통하여 자기 자신을 충실하게 한다든가, 교양을 증진한다든가, 자기만족을 얻는다든가, 또는 삶의 보람을 느낀다든가 등을 얻게 되는 것을 말한다. 정년 전후세대에는 여러 가지 시행을 통해서 목표를 설정하고 공부를 진행하면서 누구나 동경하고 알고 싶어 하는 경지에 도달하고자 하는 욕망이 불타게 되는 것이라고 생각한다. 이리하여 인생의 '꿈'은 계속 이어지는 것이다.

이를 나의 체험 사례를 통하여 생생하게 전달하는 게 더 효과적이고 좋을 것 같아서 여기에 싣는다.

목표 설정

나는 대학을 졸업하고 대학원 재학 도중에 은행입행시험에 합격하여 금융계에 진출했다는 것은 이미 전술한 바와 같다.

금융계의 일상 업무는 늘 현업에 집중해야 하기 때문에 나의 '학업 완수'는 접어 두는 수밖에 없었다. 그러나 언젠가는 그 학업(전공분야 학업 완성)을 끝맞쳐야 하겠다는 꿈만은 뇌리에서 늘 떠나지 않았다. 그래서 언젠가는 학업의 길을 밟아야겠다고 결심을 하게 되었다.

1995년 3월 임기 만료로 34년간 몸담았던 은행계를 떠나게 되어 감개가 무량한 가운데, 한편으로는 이제야말로 나의 나머지 길을 밟아야 하겠다고 결심을 하게 되었다.

은행에서 퇴직을 하고 나는 신용카드회사 전무(부사장직)에 취임하여 업무를 추진해 나갔다. 신용카드 산업은 내가 은행 임원 재직시에 신용카드업무를 관장한 경험이 있었기 때문에 상당히 익숙한 분야이기도 했다. 그래서 취임 후 나는 신용카드회사의 업무를 열심히 추진하면서 기회가 주어지면 그 문제(학업 완성)를 계획 세운다는 구상을 가지고 있었다.

하지만 회사의 발전을 위해 최선을 다해야 하겠다는 사명감도 뇌리에서 떠나지를 않았다. 결국 2년은 열심히 신용카드업무 추진에 전력을 다했고, 그 후 임기 1년을 남겨 놓고, 비로소 나의 마지막 '길'에 진입하게 되었던 것이다. 일과를 시간대 별로 나누어서 철저히 관리하면서 준비를 해 나가기로 했다. 그리하여 내가 그토록 희망하던 학업이 이어지게 되었다.

1997년 상반기 박사과정 모집 일정은 1996년 하반기부터 시작되었다. 나는 세 군데 대학원의 박사 코스를 염두에 두고 준비에 들어갔다. 주간에는 회사 업무에 전념해야 하기 때문에 주로 야간을 이용하여 준비에 몰두하였다.

시간이 다가올수록 한 군데를 택해야만 했다. 첫 번째는 모교인 K대 대학원 박사과정인데, 나이가 많아서 학위 취득 후의 전망이 어둡다고 생각되었다. 두 번째는 SK대 대학원에 지원을 했으나 학부과정과의 연관성이 전혀 없었기 때문에 졸업 후의 결실이 모호하여 포기하기로 하였다.

장고 끝에 M대의 박사과정을 선택하기로 결정하였다. 이 대학원은 나의 전공분야인 경제학과를 신설한지 얼마 안 된데다가 학교 측의 발전계획이 마음에 끌려서 최종 결심을 하게 되었다. 그리고 무엇보다 나만 열심히 한다면 졸업 후에 좋은 인연을 맺을 수 있을 것 같다는 생각도 들었다.

'경제정책'을 세부전공으로 정하고 열심히 시험 준비에 들어갔다. 그리하여 내가 카드회사 임기가 끝나가기 1년 전인 1997년 3월 1일, M대 대학원 경제학과 박사과정에 입학하게 되었다. 수업은 주로 오후 늦게 시간표를 짜서 업무에는 지장이 없도록 하였다.

소요 학자금

소요 학자금은 은행퇴직금 등 그동안 준비해 두었던 자금으로 어렵지 않게 충당이 가능했다. 하지만 한편으로는 노후 자금을 감축하게 된 것이 아내에게는 매우 미안스러웠다는 게 솔직한 나의 심정이었다.

도구(예: 영어회화, 제2외국어)의 레벨

영어부문은 지금까지 학업 과정에서 이미 웬만한 준비가 되었고, 그동안 은행에서 여러 차례 해외 근무를 하면서 현지에서 터득한 실전경험이 있어서 크게 문제될 것은 없었으나, 제2외국어는 오랫동안 쉬었기 때문에 좀 어려울 것 같았다. 독일어는 K대를 졸업한 후 중단되었기 때문에 복습하는 시간과 노력이 필요한 반면 일본어는 그동안 어느 정도 기초 준비가 되었기 때문에 수월할 것 같았다.

결국 제2외국어는 일본어를 선택하기로 결정했다. 그 후 마지막 박사과정 심사에서 일본어 성적이 최우수 성적으로 패스된 것은 선택의 적절성이 크게 도움이 된 것이라 생각된다.

자원(인맥, 주변 환경)의 확보

M대 대학원은 그동안의 학업과정에 비추어 봤을 때 학부과정과의 연고가 없는 곳이지만, 새로 출범하는 학과이기 때문에 나만 열심히 한다면 어떤 결실을 맺을 수 있을 것 같다는 생각이 들었다. 그래서 무엇보다 우선적으로 학업에 열심히 정진하였다. 그렇게 함으로써 주변의 신망을 쌓아가는 것도 좋을 것 같았다.

이 같은 리소스(자원) 확보는 자기 자신의 노력 여하에 달려 있다고 굳게 믿고 항상 최선을 다하는 길이 첩경이라 생각했다.

가. 교과목 공부

박사과정은 기본적으로 총 36개월로 3년인데, 전공과목은 금융경제학 부문이 13개 정도이고, 나머지는 논문영역이 차지했다. 논문분야는 학위논문의 근간을 미리 준비하는 것이므로 세밀한 준비와 계획이 뒤따라야 했다.

우선 지도교수의 지침을 중심으로 실력을 쌓고, 주로 금융경제분야의 각 연구기관의 정기간행물과 주요 민간연구기관들의 정기간행물

등도 빠짐없이 구독하여 구비해 나가면서 적절한 테마를 찾아내는 일부터 학습해 나갔다. 그밖에도 경제논문의 실증분석자료 등도 참고하면서 학위논문의 준비단계에 들어갔다.

나. 학위논문의 주제(제목) 선정

경제정책의 기본 원천이 되는 학위논문의 주제를 선정하기 위해 나는 고심을 거듭해 나갔다. 그 당시 1990년대 후반은 신용카드 사용에 대해서 사회적으로 낭비적이며 과소비를 부추긴다는 여론이 확산되고 있었으며, 정책당국이나 국내 여론에서도 신용카드 사용 확대를 부정적 시각으로 보는 경향이 있었다.

그런데 대학원 연구과정에서 세계적인 저명 경제학자의 선행연구를 음미하면서 화폐수요이론을 심도 있게 연구한 결과 이것과는 전혀 다른 가설을 발견하게 되었다. 특히 내가 근무하던 신용카드회사에서도 그와 같은 흐름을 감지할 수 있어서, 학위주제를 '신용카드 이용액 증가가 통화량에 미치는 영향 실증분석'이라 정하고, 이에 대한 자료 수집에 나서기로 결심하였다.

그리하여 현실적 오해를 파헤쳐서 학문적으로 바른 방향을 밝혀 규명하기로 계획을 세웠다. 이에 따라 한국은행 조사통계월보를 1985년~1998년의 14년 분량의 자료들을 전수조사해서 시계열자료들을 분석하여 '자기회귀분석'에 따라 실증분석에 들어갔다.

분석결과는 예측 가정한 바와 같이 신용카드 이용액은 매년 증가하고 있었으나 소비자물가상승률은 이보다 훨씬 낮다는 것을 알 수 있었다. 여기에서 나는 '내 논문 가제(假題)가 실증적 연구가치가 있다!'는 것을 확신하고 용기를 얻게 되었다.

나는 이론적 뒷받침을 보강하고, 신용카드업계의 현실적 자료 등을 분석 추가하면서, 실증분석에 장기간 몰두하였다. 그리하여 여러 가지 분석과정을 거쳐서 최종결론을 얻게 되었다.

종합 결론은 "신용카드 사용액 증가는 통화량(M1, M2) 증가와 통계적으로 무관하며, 소비지출규모(CPI) 변동에도 영향이 없다"는 것을 도출하는 데 성공하였다.

이리하여 나의 학위논문은 1999년 12월 17일 논문심사위원회를 통과했고, 2000년 2월 23일 대망의 경제학 박사 학위를 수여받게 되었다. 뜻깊은 결과가 아닐 수 없다.

나의 학위논문은 그 후 정부소관부처에 제출되었고, 얼마 후 정부는 연말정산 때 신용카드 사용액에 대해 공식적으로 소득공제혜택을 부여하는 제도개편을 단행하였으며, 지금도 이 공제제도는 계속되고 있다.

한편 이와 같은 과정을 거치면서 국내 주요 금융경제분야 학술단체에 회원으로 가입했고, 그 속에서 함께 연구분석을 단련하는 가운데 여러 계층과 인적관계와 유대를 가지게 되어 후일 이 분야에서 학술 활동을 하는데 크나 큰 울타리가 되었다.

제2단계: 은퇴 후 일자리 찾기

은퇴 후에 일자리를 가지게 되면 건강이 유지되면서 활기찬 삶을 누릴 수 있게 된다는 것은 차츰 정설화 되어 가고 있다. 건강이 유지되니 자연스레 의료비 지출은 줄고, 삶의 질도 그 만큼 높아지게 된다. 최근 C일보에 보도된 '6075 신중년 세대의 일자리 창출정책 태동' (2013. 11. 28 ~29)에 의하면 일자리 유지를 계속하려면 학습을 지속적으로 해야 하고 그 때문에 뇌를 활성화시켜 노화를 방지하면서 선순환의 삶을 유지시켜 준다고 한다.

은퇴 후에도 동일 직장 또는 동일 분야를 선택하면 일하기가 수월하겠지만, 이는 되도록 피하는 게 좋다. 이보다는 다른 보완적인 분야를 찾아가는 게 현명한 방법이라고 말하고 싶다.

그 이유는 첫째, 같은 분야에서는 서로 관련성이 이어지기 때문에 연공서열제도의 장구한 관행에서부터 자유로울 수 없어 현직과의 불편한 분위기 관계가 있기 마련이다.

두 번째는 '은퇴기 이후는 복지정책' 이라는 국가 기본정책 틀이 뿌리 박혀 있는 현 상황에서 이를 흔들 수 없기 때문이다. 셋째는 현실에 적합한 은퇴자 재교육과정 프로그램이 공식적으로 확립돼 있지 못한 현실에서 그렇다.

이 시점에서 잠시 우리나라의 정책적 현실을 음미하고 넘어가는 게 앞으로 '일자리 찾기' 방향을 잡아가는 데 도움이 될 것 같다.

여기에 대해서는 국가 정책적 분야에서 검토가 필요한 부문이다. 은퇴 후 취업 문제를 지금까지 정부나 사회가 '복지 분야'의 틀 안에서만 다루어 오고 있고 '고용정책' 영역으로는 바라보지 않고 있다는 데에 문제의 열쇠가 있다. 하루빨리 국가정책 면에서 이를 고용정책으로 로드맵을 새로 짜야 할 것이다.

이러한 부분에서 고용 선진국인 일본과 핀란드의 사례를 보면 '길'이 보인다. 일본의 경우를 보자. 도쿄 최고의 번화가인 긴자 미쓰코시 백화점은 주차관리 요원을 60세 이상 중장년을 대상으로 뽑는다. 직원은 40명으로 고령 근로자들이 입구부터 주차할 때까지 모든 서비스를 제공한다. 특이한 것은 주차관리 요원 대부분이 대기업 임원 출신이라는 점이다.

품격 있는 서비스 제공을 한다는 취지에서 그렇게 하고 있다. 62세의 한 근로자는 "임원 출신이라 해서 언제까지 책상 앞에서만 일하라는 법이 있느냐?"며 "일 없이 쉬는 것보다 일하면서 느끼는 '보람'이 더 크다"고 말했다.

일본은 한국보다 고령화 사회에 먼저 들어선 나라이다. 이미 전체 인구 중 55세 이상이 5,000만 명에 이를 정도로 고령화가 심화되었다. 그러나 2000년대 초반부터 '고령자 고용안정법' 등을 개정해서 고령화 사회에 대비해 왔다. '임금피크제' 도입 등 발 빠른 조치들을 마련해서 정착단계에 와 있는 것이다.

제도 시행 초기에는 회사 역시 정년연장으로 인한 인건비 부담에 대해 우려를 나타냈지만 현재는 절약한 돈으로 젊은 인재들을 정규적으로 채용해 숙련도를 높일 수 있도록 키우자는 데 노사가 동의한 상황이다.

일본 중년층(은퇴를 앞둔 계층) 근로자들은 60세가 지나면 임금피크 대비 60%로 임금이 줄어들지만 월급이 20만엔(약 200만원) 아래로 떨어지면 정부가 10만엔을 보조해 주기도 한다.

이코 케이지 일본 전국노동조합총연합회 조사국장은 "기업들이 고령자를 고용하는 데 우호적인 분위기가 형성돼 있어 일본 중장년 근로자들은 60%의 월급을 받고 최대 80세까지 일할 수 있는 여건이 조성되었다"고 말했다.

핀란드는 인구 950여만 명의 작은 나라이지만 1995년에 고령사회에 진입했다. 그러나 핀란드정부는 1998년 '노인고용국가프로그램' (National program for ageing workers)을 실시했다. 핀란드정부는 '경험은 국가자산'(experience is a national asset)이라고 보고, 신중년들이 가지고 있는 경험과 숙련된 기술이 국가 전체적으로 도움이 된다고 보았다.

핀란드정부는 신중년고용정책 실현을 위해, 복지건강부, 노동부, 교육부, 고용경제부, 재정부, 통상산업부, 고용주협회, 노동단체, 지방자치단체, 연금공단 등이 모두 참여하는 '민관협의체'를 구성하여 여기서 신고용정책을 과감히 실행했다.

그 결과 정년이 63~68세로 유동적으로 적용되었고, 기업에 세제혜택을 주며 고용을 독려한 결과 1998년 대비 2012년에 55세~64세 취업률이 22% 포인트나 상승한 58%를 기록했다. 이와 같이 핀란드의 신중년고용정책은 성공을 거두고 있다.

우리나라의 경우, 은퇴 이후 재취업 사례 몇 가지를 다음에 소개하고

자 한다.

대기업 임원에서 청소년 상담사로 일하는 M씨 사례

대기업 건설업체 임원이었던 M씨(60세)는 은퇴 1년 전부터 청소년상담사 자격증 취득 준비를 위해 관련 수험준비를 시작했다. '준비 없이 은퇴하면 큰일이다'라고 생각해서 시작한 것이다.

평일에는 회사에 출근했고, 주말이면 도서관에서 종일 수험서를 외우고 모의고사 문제를 풀었다. 시중에 나와 있는 수험서는 대부분 섭렵했다. 2010년 10월 그에게 심리상담사 1급 자격증이 주어졌다. 이듬해 6월 그는 퇴직을 했고, 7월에는 청소년상담사 3급 자격증을 다시 취득했다. 그는 2011년 9월부터 모 시청의 청소년상담복지센터에서 청소년상담사로 취직해서 준비된 '인생후반기'를 보내고 있다.

당초 M씨는 동종 업계로 취직하려 했으나 나이가 많다는 이유로 번번이 퇴짜를 맞았다. 이때부터 '청소년상담사'를 택하게 되었고 새로운 길을 찾게 된 것이다. 그의 현재 연봉은 2,000만 원 정도로 "보람 때문에 일을 하지 돈을 보고 일하는 게 아니"라고 말한다. 그는 상담을 하면서 전문지식이 부족하다고 느껴서 2012년 가을 학기에 C대학 상담심리대학원에 입학하여 더욱 위상과 보람을 함께 높이려고 노력하고 있다.

인테리어 업계에서 인생 제2막을 연 K씨와 L씨 사례

최근 인테리어업계는 '벽면 녹화'가 유행하고 있다. 상점 벽을 페인트나 벽지로 마감하지 않고, 살아 있는 식물로 장식하는 방식을 말한다. 그렇게 하자면 벽에 식물이 자랄 수 있는 구조물을 설치한 뒤 여기에 각종 화초를 심어 벽 전체를 뒤덮어야 한다. 마치 숲 속에서 삼림욕을 하는 듯한 느낌이 들도록 말이다. 이 일을 하는 업체는 인테리어 전문업체인 H회사다.

H회사의 주축을 이루는 직원은 28명인데 이 중 신중년이 20명이나 된다. 그 가운데 K씨(74세)는 식품회사 사장 출신이다. 원래 약국과 예식장을 운영하며 모은 돈으로 식품회사를 차려 나름대로 성공을 거둔 뒤, 2008년에 이를 정리하고 은퇴했다. "돈도 꽤 모았고 자식도 잘 키웠다"고 말하는 K씨가 H사를 들어가게 된 동기는 월급이 생활비를 보충하는 데 안정적으로 도움을 줄 뿐만 아니라, 은퇴 전에 취득한 미용면허증과 바리스타자격증(요리사, 조리사 자격증)을 제대로 활용하고 있어서 보람을 느끼게 되었다는 것이다.

이 H사는 직원의 70% 이상을 고령자로 충원하고 있는데, 한국노인인력개발원(국책연구기관)의 인증을 받은 '고령자친화기업'이라고 한다. 이처럼 인증을 받은 업체는 정부로부터 경영지원 등을 받을 수 있다.

L씨(66세)는 전기절연체를 제작하는 회사에서 근무했었는데 은퇴 후 몇 군데 시행착오를 거치다가 H회사에 들어 와서 정착했다. "시간을 알차게 보내면서 돈을 벌 수 있는, 참으로 소중한 직장"이라고 말했다. 이들은 일 그 자체를 즐긴다. "일이 정말 재미있고 몰랐던 다른 세상을 보았다"며 "내 손을 거쳐 예술 작품이 탄생하는 것 같아 무척 흐뭇하다"며 말하고 있다. 이런 기회를 주고 있는 H회사에 대한 이들의 애정

은 남다르다. "회사가 생긴 지 얼마 안 되었는데 계속 커 나가는 것을 보고 싶다"고 한다.

H회사 같은 고령자친화기업은 이제 막 시작 단계이다. 2011년 처음 지정돼 지금까지 44개사가 설립되었는데 실적이 좋아지는 회사 수가 점차 늘어가는 추세라 한다.

대전광역시의 한 제과업체는 고용한 신중년들에게 생산된 빵을 포장하는 작업만 맡기고 있다. 이는 젊은이가 주로 기피하는 일을 신중년이 맡아 줌으로써 일자리 충돌을 피할 수 있다는 것이다.

K교수의 사례

25년의 교수생활을 정년퇴직으로 마무리 한 K교수(66세)는 베트남에서 '인생 후반기'를 보내고 있다. 그는 2012년 9월 베트남 하노이국민경제대학교(NEU)에서 경영대학원 설립 자문을 하고 있다. 이 대학교는 한국국제협력단(KOICA)의 해외사업 중장기자문단의 지원을 받고 있는데 K교수는 이 자문단의 일원으로 선발되어 여기에 온 것이다. 그는 이 대학에 설립 예정인 경영자양성 프로그램인 'CEO 아카데미' 개설 준비에 여념이 없다. 그는 "한국에서 학생들을 가르칠 때보다 더 눈코 뜰 새가 없이 바쁘다"며 "베트남뿐만 아니라 다른 동남아 국가에도 한국경영학을 알리는 게 포부요 희망"이라고 말한다.

전직 초등학교 교사 L씨의 사례

전직 초등학교 교사 L씨(60세)는 30년 동안 한국에서 아이들을 가르친

노하우를 바탕으로 네팔에서 새 직업을 가지게 되었다. 그는 네팔 부뜨왈 시 서쪽에 있는 KNIT(KOICA가 설립한 3년제 직업훈련학교)에서 1주일에 4일씩 네팔 학생들에게 한국어를 가르치고 있다. 그는 퇴직하기 전에 이미 영어와 컴퓨터 공부는 기본이고, 한국어교사 양성과정도 수료하는 등 차근차근 신중년기 인생을 준비했었다고 말한다.

이와 같이 자신의 경력자산을 활용하면서 색다른 일을 할 수 있는 해외로 진출하는 것도 인생의 의의가 있을 것이다. 정년이 되었다고 어느 날 갑자기 그 사람의 능력과 가치가 사라지는 것은 아니다. 자신과 사회를 위해 새로운 일을 찾고 새 환경에 적응하도록 노력해야 하는 게 바로 우리 은퇴자들이 걸어가야 할 '길'인 것이다.

초빙 교수가 된 체험 사례

나의 은퇴 준비는 철저한 계획아래 순조롭게 진행되었고, M대 대학원 박사과정도 무난하게 끝내면서 소정의 시험에 합격하고, 박사학위 논문도 통과되어 2000년 2월 23일 경제학박사 학위를 총장으로부터 받았다[학위번호: M대 99(박)7].

정말 감개가 무량했다. 만 3년 만에 학위를 취득한 것이다. 나의 목표는 강단에 서는 것이었다. 1997년~98년은 한국이 IMF금융위기의 절정기였으므로 온 나라가 격동을 겪고 있을 때였다. 따라서 국내 모든 대학에서 경제위기와 금융위기에 대한 관심이 커질 수밖에 없었고, 이 분야에 대한 강좌가 수없이 개설되어 강의수요가 폭증하였다.

나는 우연히도 그 시기에 학위를 취득하게 되어 운 좋게 강단에 설수 있었다. 충남 천안시에 있는 H대학에서 첫 강의가 시작되었다. 지인의 소개로 이 대학에서 1998년도 새 학기부터 처음 발족하는 '국제지역학부'의 강의과목 중 '국제지역경제론'(야간)과 '국제금융론'(주간)을 맡아 강단에 선 것이다.

　　첫 강의시간 3시간이 어떻게 지났는지 모를 정도로 흥분과 보람 속에서 강의를 한 기억이 난다. 지금도 강의실을 꽉 메운 50여명의 수강생들로부터 우레와 같은 박수를 받으면서 강단을 내려오던 첫 강의는 꿈만 같았다.

　　모든 일에는 단계가 있듯이 처음에는 시간강사로 출발했으나 1년 후부터는 겸임교수 자격을 얻어 강의를 계속하게 되었다. 그로부터 2005년까지 이 대학교에서 관리경제학, 국제투자론, 국제무역론, 국제지역관계론, 다국적기업론, 현대통상론, 국제경영론 등을 맡아 강의를 하였다.

　　내가 박사학위를 받은 M대에서는 이보다 늦은 2000년 2학기부터 경제학과 시간강사로 출발하였다. 앞서 말한 대로 이 대학의 경제학과는 설립이 일천하여 점진적으로 강의과목 개설이 이루어지고 있었고, 내가 그 과정에 맞아떨어졌기 때문에 새로운 개설과목을 두루 섭렵하는 호기를 맞았다.

　　여기서 첫 강의는 2000년도 2학기의 '실명경제학 세미나'에서부터 시작되었다. 이 과목은 IMF경제위기를 주제로 다루는 현실경제 세미나인데, 나의 금융계 경험과 해외근무 경험이 학생들에게 대단히 좋은 반응을 보였고, 현실과 조화되는 내용이었기 때문에 재미있게 강의를 진행할 수 있었다.

2002년부터 객원교수와 그 후 초빙교수(2005년부터)를 임명 받아 강의 전임교원 자격으로 지금까지 강의를 계속하고 있다. 이제는 이 대학교의 경제학과가 완숙하게 터전을 잡았고 발전을 하였으므로 전임교수들이 주요 전공과목을 전담하고, 나는 이들을 도와 경제이론과 현실경제와 접목하는 '틈새영역'을 담당하는 보완적 역할을 다하는 게 목표이다. 이렇게 생각하면서 하루하루 최선을 다하며 노력하고 있다.

지금까지 이 대학교에서 맡아 강의한 과목명을 나열하면, 한국경제의 이해, 경제학개론, 국제경제와 다국적기업, 금융시장의 이해, 기업과 경제, 투자와 재무, 금융상품론, 국민경제론, 국제금융론 등이다. 또한 전담강의 과목 외에도, 이 대학교에서 이론경제와 현실경제의 접목을 위한 나의 노력은 또 있다.

전임교수들이 전문분야 역할을 전담 지도하는 동안, 나는 틈새보완영역을 맡아 노력하는 데 초점을 맞추었다. 그 가운데에는 매학기마다 '현장견학'을 진행하는 것과 대학졸업 후 사회진출을 준비하는 '취업관련' 멘토 등 두 가지로 요약되며, 이에 더하여 '현실적 글로벌 이슈'를 테마로 하는 '연구발표팀'을 운영하기도 한다. 또한 경제학과 졸업예정자를 대상으로 금융계 각 분야별 '취업설명회'(금융분야, 증권분야, 은행분야, 카드분야별)를 주관하여 개최하고 학생들의 취업준비를 돕는 일도 여러 번 실시하였다.

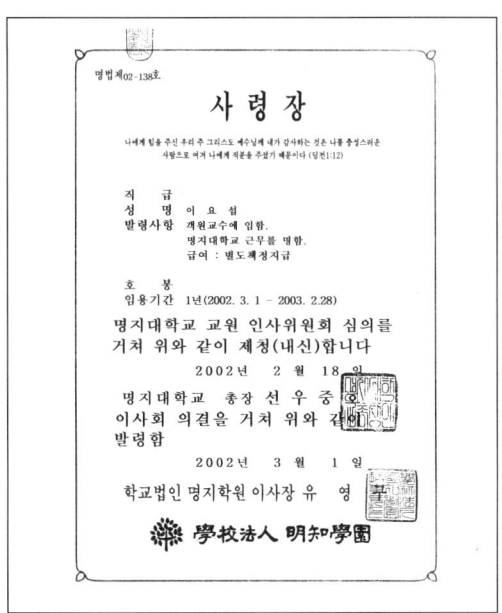

객원교수 사령장

　이와 같이 늘 노력하고 새로운 시장을 개척하여 오늘까지 17년을 강단에서 활기 넘치고 열정적인 대학생들과 시간을 함께하고 있다.

　하지만 어디에서나 평가가 뒤따르는 법이다. 대학 강의에서 한 가지 꼭 유의해야 할 중요한 사항은 강의를 하면 반드시 수강생들이 그 강의 교수의 강의 전반에 대한 '강의평가'가 뒤따른다는 사실이다. 이 평가가 다른 여타 강의과목과 비교해서 평균 이하가 되면 스스로 물러나는 게 대학교 강의 환경의 엄연한 관행이요, 규율이라는 사실이다.

　학기말 강의평가 항목을 소개하면 다음과 같으며, 각 항목별로 수강 후 학생들이 그 과목을 10가지 평가 항목별로 각각 5등급으로 평가하여 점수를 합산하고 총점을 산출한다. 이 총점이 그 학기 동안의 강의 성적표이다.

① 강의계획서(강의계획 적합도, 강의 충실도)

　[매우 그렇다, 그렇다, 보통이다, 아니다, 매우 아니다] (5개 평가등급, 이하 같음)

② 강의관리(휴강 – 단축수업 유무, 보강 적절도)

③ 교재 및 자료(수업내용과의 적합도, 선정 적합도)

④ 교수법(수업내용의 효과적 전달, 열의, 쉬운 설명)

⑤ 상호교감(강의 중 질의, 시험 및 과제물에 대한 피드백)

⑥ 지적성취 – 내용 적절성(지식증진 유익도, 능력증진 유익도, 강의수준, 학문 전달 노력)

⑦ 평가공정성(시험, 과제 등 평가의 공정관리 여부)

⑧ 만족도(강의 전반적 만족도, 다른 학우에게 추천 여부)

⑨ 전문성(담당교수의 강의과목 전문성, 사전 준비성)

⑩ 강의특성(사전 강의준비, 지식증진에 도움, 전공 지식향상 기여도)

위와 같이 사후 강의평가에서 뒤떨어지지 않기 위해서는 사전에 면밀한 준비와 계획적인 강의 마련이 무엇보다 중요하다.

나는 지금도 이 사후 평가에 대해서 언제나 최선을 다하고 있다. 가장 기억에 남는 일은 최근에 M대학으로부터 공인된 강의평가(은상)를 받은 일이다. 오래도록 이것을 보람으로 간직하려 한다.

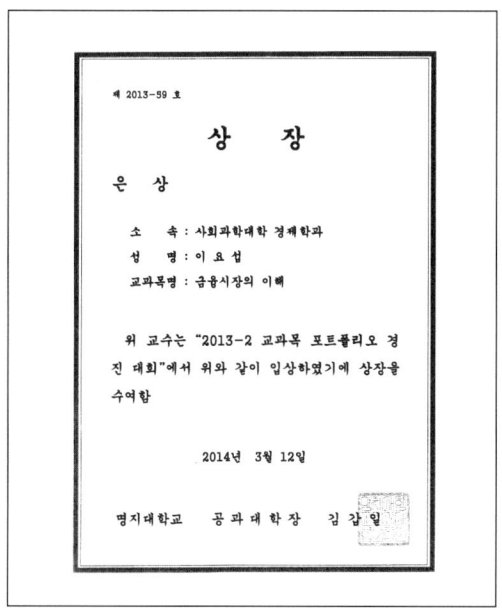

M대 교과목 경진대회에서 「금융시장의 이해」 과목이 '은상'을 받음

제3단계: 노년기의 건강관리
－ 건강을 잃으면 모든 게 끝이다

장수 비결은 life-style(생활유형)에 달려 있다

동맥경화나 고혈압, 당뇨병, 심장병 등 주로 40세가 넘어서 걸리는
병을 성인병이라 부른다. 그런데 얼마 전부터 이들 성인병을 '생활습

관병'이라 부르고 있는데, 이는 생활습관에 의해서 걸리는 병이기 때문이다. 그것은 이 같은 병들도 생활습관만 바로잡으면 방지될 수 있다는 의미를 내포하고 있다.

일본은 세계에서도 잘 알려진 장수국가이다. 평균수명이 끊임없이 남녀 모두 늘어나고 있는데 여기에는 의료기술과 의료 시스템의 발달이 크게 공헌하고 있기 때문이다.

결국 건강이란 우리의 생활방식에 의해서 어느 정도 컨트롤되는 것이기도 하다. 심신을 건강하게 지니는 '생활유형'(life-style)을 실천하면 저절로 장생할 수가 있다는 말이다.

그러한 생활 스타일로서 최소한 다음의 10가지 원칙이 필요하다고 본다.

① 규칙적인 생활(日課를 가질 것)

② 적당한 운동

③ 충분한 수면 - 휴식

④ 균형 있는 영양식사

⑤ 금연

⑥ 과음 방지

⑦ 과분한 염분섭취 금지

⑧ 적절한 지방질 섭취

⑨ 비만 방지

⑩ 열중하는 취미(학습)

건강장수 · 노화방지(anti-ageing)의 3대 키워드

생활예방

소식, 운동 등 노화 예방 습관을 상시 실천하는 것을 말한다. 신체 고유의 보호시스템을 활성화하여 노화를 예방하는 호르메시스(hormesis)가 최근 큰 관심을 끌고 있다.

호르메시스는 낮은 강도의 스트레스에 주기적으로 노출되면 강한 스트레스에 대한 저항력이 생긴다는 이론을 말한다. 이처럼 적절한 스트레스를 통하여 보다 강한 자극에 대한 대응력을 키운다는 개념인데, 실제로 동물실험에서 안티에이징(anti-ageing)효과가 나타났다고 한다.

초기관리

근력 약화 등 초기 증상에 적극 대처하는 것을 말한다. 기력저하, 체중감소, 감각 퇴화 등은 이제 자연스러운 노화현상이 아니라 적극적으로 관리해야 하는 준질환으로 재평가되고 있다.

이 같은 초기증상을 방치할 경우 만성질환이나 장애 등을 유발하고 이들이 다시 노화를 가속화하는 악순환을 초래한다. 노년기에는 특히 근력이 핵심역할을 하는데, 서구인들에 비해 근력이 약한 한국인들은 더욱 관심을 기울이고 주의해야 할 대목이다.

기기활용

회복이 어려운 활동장애를 보조기기로 해결하는 것을 말한다. 보조

공학은 원래 장애인 재활, 군사작전 등의 목적으로 발전되었으나, 최근에는 노인들의 자립지원 용도로 더 주목을 받고 있다. 특히 최근 상용화된 근력보조용 외골격은 노인생활지원, 재활 등 전방위로 활용이 가능해 큰 기대를 모으고 있다. 따라서 이제는 노화에 대한 기존의 결정론적 시각을 버리고 예방 및 관리가 가능하다는 관점으로 인식을 전환해야 한다.

안티에이징의 궁극적 목표는 '질병의 압축'에 있다. 이는 평생을 건강하게 살다가 마지막에 짧게 앓고 죽는 현상을 의미한다.

앞으로의 전망은 생명과학, 화학, IT기술의 발전으로 노화 메커니즘, 장수인 특징, 노화와 질병, 장애관계보조공학 등 다양한 관점에서 연구가 활발히 진행될 것으로 보인다.

건강한 장수를 위한 지혜

건강 장수를 위한 비결은 학자마다 사람마다 여러 가지로 나열되고 있어 획일적으로 딱 잘라 말하기는 어렵지만, 대체로 공통적인 몇 가지로 요약할 수 있다. 그와 같이 정리된 내용을 몇 가지 소개하면 다음과 같다.

100세 장수인들이 반드시 하지 않는 3가지
- 술 - 금주와 건강은 절대 비례한다.
- 담배 - 장수 인구 91%는 비흡연자이다.
- 스트레스 - 낙천적 성격, 원만한 가정생활이 관건이다.

100세 장수인들이 반드시 하는 3가지

- 소식 – 적게 먹고, 규칙적으로 먹을 것

- 운동 – 부지런히 몸을 움직일 것

- 숙면 – 매일 8시간 이상 충분히 잘 것

장수인들의 건강한 나이 먹기 10가지

- 움직여라 – 부상 없이 운동효과 있는 일을 하면서 움직인다.

- 근육을 키워라 – 근육을 키우면 골다공증을 방어할 수 있다. 단백질
  과 칼슘을 섭취한다.

- 영양섭취를 충분히 하라 – 곡류, 어육류, 채소, 우유, 과일을 매일 섭
  취하고, 비타민A, 비타민B2, 칼슘은 영양제로 보충해도 좋다. 포
  화지방, 소금, 설탕, 술은 절제가 필요하다.

- 담배를 끊어라 – 흡연은 노인건강에 악영향을 끼친다.

- 고혈압 등 만성질환을 관리하라 – 고혈압, 당뇨병, 심장병, 뇌졸중,
  치매 등 심혈관 질환의 주요 원인을 집중 관리한다.

- 약 먹는 이유를 물어라 – 여러 질환의 약물 치료시 중복 복용하는 약
  들의 이상반응 및 상호작용을 미리 알고 복용해야 한다.

- 잠이 보약이다 – 하루 7~9시간을 숙면하는 것을 기준으로 하라. 잠
  을 설치면 심장마비와 뇌졸중의 위험이 높아진다.

- 공부하라 – 공부와 교육은 건강에 유익하다. 건강노화를 잘 관리할
  수 있다.

- 배우자, 친구관계를 유지하라 – 배우자와 해로하는 것은 뇌질환과

치매 발병률을 낮춘다. 두뇌활동과 면역체계가 활성화된다.

- 우울증을 극복하라 - 우울증은 삶의 질을 떨어뜨린다. 증상 발견 즉시 의사 및 전문가와 상담해야 한다.

현대인의 장수 비법 10가지

현대인의 장수 비법에 대해서 'US & World Report 지'가 권장하는 10가지 비법을 소개하면 다음과 같다.

- 일을 그만두지 마라.
- 매일 치간 칫솔 사용을 습관화하라 - 구강 내 청결은 심장병 예방에 유익하다.
- 운동은 필수다.
- 섬유질이 풍부한 음식으로 아침식사를 하라.
- 하루에 최소한 6시간은 자야 한다.
- 간식을 피하라 - 간식은 만병의 근원이다.
- 할 수 있는 한 스트레스를 없애라.
- 습관의 동물이 되라 - 규칙적인 생활은 노화를 늦춘다.
- 피해야 할 것은 철저히 피하라 - 알콜, 흡연, 단것의 섭취는 금하라.
- 접촉을 유지하라 - 가족, 친지와의 강한 유대는 장수의 필수 항목이다.

행복론의 핵심은 건강이 뒷받침되는 행복지수의 향상에 있다고 본다. 세계 각국의 평균수명은 100년 동안에 지속적으로 상승하여 이제 80세를 넘어서고 있고, 선진국에서 신흥국까지 장수 트렌드가 확산되고 있다.

한국인의 평균수명은 25.8세(1903년)에서 75.9세(2000년)를 거쳐 81.4(2012년)까지 왔다. 또한 평균수명 80세 이상 장수국가 수가 2000년에 단 1개뿐이던 것이 2020년에는 32개 국가로 늘어날 전망이다. 그리고 프랑스, 일본, 미국 등 선진국에서는 100세가 넘었음에도 신체적, 정신적으로 독립적인 생활이 가능한 초장수인들이 급증하고 있다. 이는 생물체로서의 인간이 과학의 발달 등에 힘입은 결과이다.

이와 같이 인류의 소망이었던 장수(長壽)는 평균수명이 연장됨으로써 목적이 이루어지는 것처럼 보이지만 와병으로 병마와 더불어 수명이 늘어나는 것은 의미가 전혀 없다. 마찬가지로 행복지수도 의미가 없는 것이 된다.

우리는 의학적으로 노화(늙어감)의 의미를 되새겨 보고 새롭게 다듬어야 할 때이다. 노화는 두 가지 뜻이 합쳐져서 이루어지는 현상이라고 생각한다. 그 하나는 신체적 노화요, 다른 하나는 정신적 노화이다.

신체적 노화는 인체의 세포 수가 줄어든다는 것을 의미한다. 세포 수가 줄면, 몸의 신체적 기능이 쇠퇴하고 또 세포 감소의 속도는 나이가 많아짐에 따라 점차 더해 간다. 또한 여력(膂力)이 떨어지는 현상이 나타난다. 겉으로는 건강해도 조금만 무리한 일을 하면 젊었을 때와는 달리 힘들어진다든가, 쉽게 발병한다든가, 검사해 보면 이상이 발견된다든가 한다. 이 밖에도 수많은 노쇠현상들이 나타난다.

또 한편으로 정신적 노화는 늙어가는 것을 자각함에 따라 나타나는 정신적 허무감, 섭섭함을 느끼는 슬픈 체념, 즉 늙음을 느끼는 현상이 나타난다. 늙음을 느끼는 동기는 사람에 따라 각양각색으로 나타나는데, 시력저하, 수족의 골절 빈발, 피부탄력 저하, 머리 색깔, 전립선 비대증, 폐활량 감소, 난청현상… 등 이루 말할 수 없이 수많은 노화현상에서 유발된 신체적 변화로부터 오는 심리적 압박감이 원인이 되어 정신적 노화를 촉진시키는 동기가 된다. 여기에 어떻게 꿋꿋하게 대처하면서 버텨 나가느냐가 중요하다.

'어떻게 하면 건강하게 늙을 수 있느냐'는 참으로 어려운 문제이다. 지금까지 설명한 대로 늙음(老化)을 느끼기 전에, 중년이 되면 신체적으로는 적당한 운동을 규칙적으로 해야 하며, 동시에 고른 식사와 음료 섭취를 하고, 자신을 가꾸어 나가야 할 것이다.

또한 정신적으로는 언제나 적극적인 자세로 사물을 접하고, 정해진 일과에 따라 규칙적인 생활습관을 유지하면서 자기 자신의 목표(취미, 일과, 일 등)를 성취해 나아가는 태도가 매우 중요하다고 생각한다. 이렇게 함으로써 우리들은 '훌륭하게 나이를 먹으면서, 꿈을 잃지 않고 육체적으로는 건강하게, 정신적으로는 풍성한 마음으로 나이를 먹어가는 삶'(well ageing and successful ageing)을 간직하여야 할 것이다.

건강은 어디에서도 빌려올 곳이 없다

나빠지기 전에 미리 챙겨야 하는 것이 건강이다. 건강은 한번 무너지고 나면 회복하기 어려울 뿐만 아니라 건강을 회복하기 위해서는 말로 다할 수 없는 수고를 겪어야 한다. 경계선에 걸쳐 있는 건강을 안정선으로 들어서도록 선정해야 건강을 유지할 수 있는 것이다.

건강은 어디에서도 빌려올 곳이 없다. 자기 스스로가 항상 대비하고 노력하는 데서 건강은 창출될 뿐이다. 우리는 몸이 불편해 하는 것을 중년이 되고서야 깨닫게 된다. 스스로를 통제하면서 절제하는 생활이 얼마나 어려운지 중년이 되어서야 몸소 깨닫게 되니 얼마나 우리가 무지한가!

인생을 사는 방식이 나이에 따라 다르듯이 몸도 마음도 젊은 시절에 관리하듯 하면 안 된다. 이제는 새로운 건강관리 방식을 몸에 익혀야 하는 시점인 것이다. 이제껏 마음껏 마시고 먹었던 방식은 좋은 추억으로 간직하고 중년의 건강관리를 시작해야 하는 시점이 된 것이다.

우리에게는 마흔 이후 30년을 힘차게 살아가고 일흔 이후 30년을 건강하게 살아갈 수 있는 건강관리가 필요하다. 생활습관을 새롭게 하고 건강한 몸을 관리하기 위해 운동하는 것을 익숙하게 습관화할 필요가 있다. 그동안 일을 위해 시간을 관리해 왔던 것처럼 이제는 습관을 건강한 몸을 위한 시간관리로 전환해야 한다.

중년기의 무너진 건강은 미래의 꿈들을 의미 없게 만들 수 있다. 아무리 생각을 젊게 하여도 몸이 나이가 들면 우리가 알고 있는 전형적인 노인의 생각을 할 수밖에 없다. 몸이 건강해야 마음과 생각을 생활 속에 옮겨 놓을 수 있다. 행복한 미래를 꿈꾸고 있다면 나의 미래와 꿈의 크기만큼 건강도 챙기는 지혜를 갖자.

꿈을 꾸는 것도 좋지만 그 꿈을 이루고 살 수 있는 건강이 무엇보다 먼저 준비되어야 한다. 건강한 사람에게만 꿈은 의미가 있는 것이다. 돈은 없으면 대출이 가능하지만 건강은 어디에서도 빌려 올 곳이 없다. 건강한 몸은 밝고 희망찬 미소로 하루를 활기차게 열게 하고, 누군가에게 의미 있는 삶을 나눠줄 수 있는 행복한 인생을 살게 만들어 준다.

희망차고 의미 있는 인생을 위해 꼭 건강에 관심을 갖고, 생활 속에서 그 방법을 찾아서 실천하도록 하자.

에필로그

우리는 누구나 보람된 삶을 꿈꾼다. 꿈을 이루고 싶어 한다. 하지만 꿈을 이루기 위한 과정은 고난의 연속임을 망각하는 경우가 많다. 힘든 여정이지만 그것을 즐기는 사람은 자신이 희망하는 목표에 도달할 것이고, 포기하는 사람은 꿈을 이룰 수 없을 것이다.

인생의 여정은 산을 오르는 등산과 같다. 따라서 내려오는 하산(下山)의 길목이 마지막 차례로 이어진다.

인생 100년의 긴 여정을 어떻게 준비하면서 그 산을 걸어 올라가야 하고, 내려올 때는 어떻게 준비하고 내려와야 하는지에 대해서 지금까지 살펴보고 생각해 보았다. 그러자면 어떤 기초 작업이 필요한지, 튼튼한 기초공사를 어떻게 해야 되는지 그 방법도 모두 훑어보았다.

여기에는 오르막의 시작부터 우리의 '습관회로'를 멋있게 다듬어 나아가야 하고 또 그 습관이 회로에 정착되도록 하기 위해서 구체적으로는 7가지의 습관을 잘 길들여야 한다는 것을 살펴보았다. 선현들과 선

각자들, 지도자들의 교훈을 인생의 고비마다 알맞게 결합시켜서 이해를 높이려 했고, 가능하면 실제적인 경험이나 체험담도 연결하여 실생활에서의 적응 내용도 소개하였다.

습관회로의 정착화에서는 인생 설계도의 기초공사가 가장 중요하다. 그런데 이보다 더 중요한 것은 이들 회로를 어떻게 운용할 것인가의 관리능력을 배양하는 일이 더 큰 비중을 차지한다. 습관회로의 운용기법, 즉 교훈과 반면교사의 반복되는 2차적 '긍정심리'의 강화가 중요하기 때문이다. 「도전 → 습관 → 반면교사 → 실천」의 선순환구도가 정착 반복되면 좋은 회로가 뿌리 내리게 될 것이다.

그 뿐만이 아니다. 그 가운데 크게 와 닿는 한 마디 회로 화두는 "꾸준히 떨어지는 물방울은 바위를 뚫는다"(Steter Tropfen höhlt den Stein)는 독일 격언이다. 이는 동양에서도 「채근담(菜根譚)」에 수적석천(水滴石穿)이라는 교훈이 있어 동일하게 이어져 오고 있다.

이와 같이 '꾸준한 노력'이라는 말은 동서고금을 막론하고 우리의 성공담에 커다란 주춧돌로 자리 잡고 있는 것이다. 그 이유는 바로 이 '노력'이 성공의 으뜸가는 덕목(德目)이기 때문이다. '노력에는 천재도 당하지 못한다'는 우리 격언과 또한 상통한다. 성공은 일시적 행운이나 우연한 요행이 가져다주는 결과물이 아니라, 자신이 온갖 노력과 모든 열정을 다하여 수많은 세월 동안 갈고 닦아서 일구어 낸 '꿈'의 실현이다.

"모든 배는 먼저 도착하기 위해 다툰다. 노를 열심히 젓는 자만이 먼저 항구에 도착한다"라고 어느 지도자가 한 말은 바로 그 '노력'을 강조한 말이다.

우리는 목적지(목표)에 도달하기 위해 노력해야 한다. 쉬지 말고 노력하고 초지(初志)를 굽히지 말고 노력하면 분명히 간절히 바라는 목적지에 도착할 수 있다.

인생의 산꼭대기인 정상의 높이를 어느 정도로 설계할 것인가는 중요하다. 만약 설계한 것보다 더 높이 올라가고 싶다면, 기초공사의 깊이도 여기에 비례해서 더 깊이 파고들어 가야 할 것이다.

이 모든 설계와 공사 작업의 최종 목표(목적)는 '그 꿈의 성공(성취)'에 있다. 따라서 우리는 이 최종 목표를 향해 무한 질주해야 하는 것이다. 그래서 그 목표(정상)에 도착했을 때, 우리는 비로소 행복감의 극치에 도달하게 되는데 이때 그 행복지수의 계측은 상대적이요, 매우 주관적임을 알 수 있다.

우리 인생은 오르막 정상만 바라볼 뿐, 자기의 길목에서 뒤를 돌아보는 습관이 매우 약하다. 이 대목에서 우리는, 다음 사례를 반추해 볼 필요가 있다.

"매사 뒷정리를 완벽하게 하라!"

수년 전에 어느 여행지에서 체험한 일인데, 그곳 사람들은 실내에 들어갈 때는 신발을 꼭 180도 돌려서 나갈 때 바로 신을 수 있도록 질서 있게 놓아두었다. 우선 보기에 깔끔한 인상이 들고, 나갈 때도 편리하다. 뒷정리를 잘하는 습관도 이런 데서부터 출발하는 것이라고 확신한다.

인생 100세 시대가 눈앞에 다가 왔다. 또한 2020년쯤이면 우리나라에는 '고령사회'가 열리게 된다. 우리가 산을 오를 때, 올라가는 길이 있고, 거기서 내려오는 길이 있는 것처럼, 우리 인생은 장년기를 지나면 서서히 노년기를 향해 내려올 준비를 하지 않으면 안 된다. 그리고 은퇴기를 맞이할 우리는 이제 100년 인생 여정의 내리막길에서 철저하게 준비를 해야 한다.

따라서 우리 인생은 멈춰 있을 때가 아니라 새로운 출발을 준비하고 다시 일구어 나가야 하는 세상이 되었다. 다시 말해서 두 인생의 영역(오르막길과 내리막길)을 아울러 함께 누리는 '인생2모작 세대'에 이미 들어서고 있는 것이다. 제1인생 사람들이 주로 해야 할 일이 있고, 제2인생 사람들이 할 수 있는 일들이 따로 있다.

물론 두 인생이 일의 성질에 따라 칼로 베듯 정확하게 나누어지는 것은 아니다. 어떤 이들은 제1인생에서 하던 일을 제2인생에서도 계속할 수도 있을 것이다. 예컨대 작가나 예술가들은 구태여 붓을 꺾을 이유가 없어 보인다. 그러나 대부분의 사람들은 제2인생을 새롭게 준비해야 할 것이다. 중요한 것은 우리 모두 확실하게 이 같은 새개념으로 인생을 재무장해야 한다는 점이다.

우리는 앞에서 여러 번 언급한 것처럼 우리 인생을 이야기할 때, 중요한 삶의 기간을 은퇴 전의 삶만을 중시하고 그 후는 무관심했다는 것을 늦게나마 깨닫게 되었다는 사실이다. 수명이 100세로 늘어난 것이 문제가 아니다. 인생을 얼마나 살던지 간에 각자의 인생은 소중한 것이고 그 삶을 죽는 날까지 가치 있게 살 수 있어야 한다.

자신이 원하는 후회 없는 삶을 위해 인생을 새롭게 설계하고, 이를 위해 노력해 보자! 그리하여 아름다운 인생의 종지부를 머리 위에 찍어 보자!

그러나 우리는 용기를 되찾아야 한다. 이제 우리 은퇴세대는 제1인생의 헌신적인 사회참여의 경험을 그냥 버리지 말고 그것을 '기초자산'으로 삼아 새로운 인생 출발을 모색하지 않으면 안 될 시점에 와 있다는 현실을 직시해야만 한다. "경험은 국가자산이다"라는 핀란드의 경우처럼.

인생은 진화한다. 생물이 진화하는 것처럼. 아니 그 이상으로 진화하는 것이라고 생각한다. 이 장구한 인생 진화의 한 가운데서 은퇴자들의 경험과 아이디어를 젊은 세대에게 가치 있게 전수하면서 사회구성원의 떳떳한 일원으로 역할을 하지 않으면 안 될 것이다. 그 사례들을 이 책에서 우리는 다양하게 살펴보았다.

이제 우리 노년기 은퇴세대는 100년 인생 여정의 내리막길에서 철저하게 준비를 해야 한다. 그래서 노년 은퇴기 진입준비와 진행요령을 '노년기 3단계 기본설계'에 담아 보았다.

특히 여기서 노년기의 학습과 건강은 양자 간 밀접한 상관관계가 매우 크며, 이는 이론과 실제 체험이 이를 증명하고 있다. 이 같은 인생의 보람을 극대화하자면, 오랜 준비와 마음가짐이 필수이다. 이 사회에서 존재가치 없이 소멸하고 말 것인가? 아니면 끝까지 건강하게 사회구성원의 한 사람으로 역할을 다하면서 아름답게 인생을 장식하고 마무리할 것인가? 이 길을 선택하고 결정하는 것은 오로지 독자 여러분의 몫이다.